野球ヲタ、投手コーチになる。

元プロ監督と元生物部学生コーチの京大野球部革命

菊地高弘

KADOKAWA

目次

はじめに　4
主な登場人物　6
第1章　元プロ野球選手の鉄道マン　9
第2章　京大で野球をやる意味　27
第3章　元生物部の「クソ陰キャ」　43
第4章　京大生はなぜケガが多いのか？　65

第5章 かたくなに関西弁を拒む主将の改革 95
第6章 「ソルジャー」近大への復讐 127
第7章 野球ヲタ投手コーチの落とし穴 155
第8章 ヘラクレスの引退騒動 181
第9章 ラストゲーム 211
第10章 京大野球部が優勝する日 249
おわりに 266

はじめに

メディアの端くれとして野球界にいると、その閉鎖性に時に息が詰まりそうになる。

「どこの野球部出身ですか？」

これまで何度、そう問われてきたかわからない。野球界の関係者は、目の前の人物の人間性を推し量るために「どこで野球をしてきたか」を過剰に重視しているように感じる。

もちろん、そこには合理性もある。地域によってさまざまな野球部があり、文化がある。上下関係が厳しい野球部もあれば緩い野球部もあり、大舞台で伝説を残した野球部、指導者が有名な野球部、ユニークな取り組みをする野球部……とさまざまな種類がある。出身野球部を聞くことで、その人がどんな環境に身を置いてきたのかを大まかに想像することができる。まったく知らない人より、少しでも知っている人のほうが話は弾むのは当然なのだ。

その一方で、野球経験者でなければ肩身の狭い思いをする現実もある。「どこで野球をしてきたか」に人格性が宿ってしまう世界である。「野球をやっていない」という者に対して、「話しても伝わらないか」と露骨に態度に出す野球部関係者もいる。

たしかに経験した者にしかわからない世界がある。経験した者同士だから通じ合えるものもある。その一方で、野球を「見る」ことに関しては、必ずしも経験者がすべてとは限らないのではないだろうか。

野球ファンのなかには、尋常ではない熱量を野球に捧《ささ》げている者がいる。狂気すら覚えるほどのめり込み、野球場に通い詰める者もいる。いわゆる「野球ヲタク」と呼ばれる属性の人間である。

私はこれまで数多くの野球ヲタに出会い、対話を重ねてきた。なかには玄人はだしで技術論を語る野球ヲタもいたし、プロスカウト顔負けのスカウティング眼を持った野球ヲタもいた。彼らのなかには、本格的な野球を経験していない人物も多かった。

「野球ヲタの実力は過小評価されているんじゃないか?」

そんな疑問を抱いてきた私に、センセーショナルなニュースが届いた。京都大学の野球部には、野球経験のない学生コーチがいるというのだ。しかも、その学生コーチがチームにかかわってから、京大野球部は快進撃を始めたという。

私はその野球ヲタ「三原大知《みはらだいち》」という学生コーチをきっかけに、京大野球部の取材にのめり込んだ。そして、さすがは歴史と伝統のある国立大学の野球部である。見事なまでに奇人・変人が集まり、オリジナリティあふれるストーリーが醸成されていた。

本書は野球ヲタと京大野球部を取り巻く、得体の知れない記録である。

主な登場人物

三原大知
Daichi Mihara
4年／アナリスト

178cm・72kg／灘（兵庫）／一浪

名門・灘中高では生物研究部に所属し、野球プレー経験なしで京大野球部にアナライザーとして入部した。最新機器を使いこなして投手陣の信頼を勝ち取り、投手起用の全権を任されるまでに。情に流されないリアリストな顔を持つ。野球のユニホームが似合わず、走り方がコミカルな点を本人は気にしている。

近田怜王
Reo Chikada
監督

179cm・84kg／左投左打／報徳学園（兵庫）

高校時代は甲子園で活躍し、2008年ドラフト3位でソフトバンクに入団。JR西日本で現役引退後は、車掌業務などをこなしながら京大野球部コーチへ。2021年11月に31歳で監督に就任し、京大生の特性を生かした指導で強化した。自ら打撃投手をこなして打者の適性を見極めるなど、独自の手法で存在感を示す。

手塚皓己
Koki Tezuka
4年／投手

191cm・88kg／右投右打／膳所（滋賀）／現役

高校3年春に21世紀枠で甲子園に出場し、京大野球部期待のルーキーとして熱心な勧誘を受けた。三原とはアイドル好きという共通点から親友になった。大学3年以降は故障に苦しんだものの、投手主任として部員からの信望は厚い。高校の先輩であり、京大では同期生になった水口とルームシェアしている。

愛澤祐亮
Yusuke Aizawa
4年／捕手

169cm・71kg／右投左打／宇都宮（栃木）／現役

京大野球部では数少ない文学部で、愛読書は『伊勢物語』。強肩と器用さを見込まれて大学3年時に捕手へと転向。野球観の近い三原を信頼し、京大守備陣になくてはならない大黒柱に成長する。実は投手への思いを秘め、アンダースローとしてマウンドに上がることを夢見る。やや斜に構えた天邪鬼な性格。

牧野斗威
Toi Makino
4年／投手

177cm・82kg／左投左打／北野（大阪）／一浪

高校時代は大阪選抜に選ばれたほどの実力者だが、京大では当初アメフト部に入部しようとしていた。左腕から独特なクセ球を投げ込むも、本人は美しいバックスピンの球質を目指している。データを信用せず我が道を行き、三原が手を焼く存在。尻回りの筋肉が発達していたことから、あだ名は「オケツ」。

水口創太
Sota Minakuchi
4年／投手

194cm・100kg／右投右打／膳所（滋賀）／一浪

高校までは無名の存在ながら、高い身体能力を誇った巨体右腕。大学で肉体改造に成功し、3年時には最速152キロをマーク。一躍プロスカウトから注目されるドラフト候補になった。医学部生だが、医師を目指しているわけではない。大学4年春は理学療法士の病院実習のため、活動できるのが土日に限られた。

水江日々生
Hibiki Mizue
3年｜投手

172cm・76kg／右投右打／洛星（京都）／一浪

正確なコントロールとカットボールを武器に、下級生時から京大のエース格に。バッテリーを組む愛澤との呼吸は抜群で、京大躍進の原動力になった。高校時に野球への情熱を失いかけたものの、京大で息を吹き返す。「毎日を大切に生きてほしい」という願いを込められ日々生と命名された。高い場所が苦手。

徳田聡
Satoru Tokuda
4年｜投手

181cm・78kg／右投右打／北野（大阪）／現役

高校時代は球速120キロ台の平凡な右投手だった。三原の存在からラプソードに興味を持ち、京大で急成長を遂げる。故障に苦しんだ時期を乗り越え、4年春に新球ツーシームを会得すると投手陣のキーマンへと浮上した。高校で1学年上だった牧野を恐れていたが、大学で同期になりタメ口をきけるように。

山縣薫
Kaoru Yamagata
4年｜外野手

177cm・77kg／右投右打／天王寺（大阪）／一浪

高校までは細身で目立たない選手だったが、京大でウエートトレーニングに目覚め走攻守の才能が開花。関西学生リーグの強豪選手と対等に渡り合える実力を身につけた。群れて行動することを嫌い、歯に衣着せぬ言動で後輩から恐れられることも。プライベートでは彼女の尻に敷かれる意外な一面も秘める。

出口諒
Ryo Deguchi
4年｜外野手

185cm・82kg／右投右打／栄光学園（神奈川）／現役

高校時代は軟式野球部でプレーし、神奈川から京大へと進学。高身長ながらチーム1の快足の持ち主で、主将になった4年時はチーム内に走塁意識を植えつけた。お笑いファンだが関西に染まろうとはせず、かたくなに標準語を使い続ける。三原と同じ経済学部生で、三原と意外な大物とのDMのやりとりを盗み見る。

梶川恭隆
Yasutaka Kajikawa
4年｜外野手

181cm・79kg／右投右打／旭丘（愛知）／一浪

京大には捕手として入部するも、送球イップスに悩み低迷。最上級生になってBチームに組分けされると、監督の近田に「なんで僕がBなんですか」と食ってかかった。持ち前の打力を生かして外野手に転向すると、代打の切り札として戦力に。半面、2打席目以降になると疲れてしまうため起用法が難しい。

伊藤伶真
Ryoma Ito
4年｜三塁手

168cm・76kg／右投右打／北野（大阪）／現役

打撃フォーム、捕球体勢、ルーティン、ユニホームの着こなしとすべてが特殊な「クセスゴバットマン」。それでいて京大屈指の打撃力を誇り、その実力は関西学生リーグの強豪チームからもマークされている。大学3年時には猛勉強の末に公認会計士の試験に合格した秀才でもある。愛称は「イトゥー」。

第1章

元プロ野球選手の鉄道マン

京大生も歩けば人に当たる

近田怜王《ちかだれお》は、構内を歩く学生とすれ違うたびに首をひねった。

「こっちが危険を回避してるの、わかってるんかな？」

往来を歩けば、時に人とすれ違うことはある。狭い道であれば、お互いに察知して端に寄り、相手が通れるスペースをつくる。それがごく普通のマナーだと近田は考えていた。

ところが、この構内ではその常識が通じなかった。学生たちは近田の存在など認識していないかのように、ぐんぐん直進してくる。歩きながらスマートフォンを操作しているわけでも、よそ見をしているわけでもない。彼らは近田が道を空けたことすら、気づいていないようだ。

「京大生は、目的に向かって最短距離で向かう性分なんかな？」

近田は戸惑いを隠せないまま、目的地である野球場に向かった。

ここは京都大学吉田《よしだ》キャンパスの吉田南構内である。京大には大きく分けて、「吉田」「宇治《うじ》」「桂《かつら》」の三つのキャンパスがある。吉田キャンパスは１８９７年の大学開校以来、中枢部が置かれる京大最大のキャンパスだ。

京都駅から北東に５キロあまり、京大吉田キャンパスは京都府京都市左京《さきょう》区吉田に通りを挟んで七つの構内に分かれている。京大の象徴である時計台記念館や、巨大なクスノキは本部構内の正門を通ってすぐにそびえている。

その正門と東一条《ひがしいちじょう》通を隔てて向かいに建つ、吉田南構内に野球場がある。野球場の三塁側から左翼側の外周は学生が頻繁に行き交い、掲示板には膨大な数のサークルの勧誘チラシが貼られている。近田はこの道を歩く京大生が、よく対向者とぶつかるシーンを目撃していた。

近田は26歳の青年ながら、京大野球部のコーチになっていた。

「今日はどんなことを聞かれるんかな？」

近田にとって京大生から寄せられる質問は、楽しみでもあり恐ろしくもあった。京大は、日本で2番目に創設された帝国大学・京都帝国大学の流れを汲《く》む国立大学。入試のレベルは日本最難関クラスとして知られている。その入試を突破した大学野球部の部員たちは、近田の26年間の人生で出会ったことのない人種に思えた。

「上腕二頭筋が張ってこないんですけど、上手に使うにはどうすればいいですか？」

部員から寄せられる質問に、近田は困惑した。

（上腕二頭筋って、どこやったっけ……？）

近田自身は、幼少期からプレーヤーとして野球のエリートコースを歩んできた。だが、筋肉や関節の細かい部位を意識してプレーしたことはない。京大生が求めてくるのは、決まって部位ごとの細かな部分だった。近田は苦笑しつつ、メモ帳を開いて「上腕二頭筋」と記した。

兵庫県西宮《にしのみや》市に住む近田は、電車とバスを乗り継いで京大の野球場に通っていた。約2時間の移動時間中、近田はスマートフォンを取り出して「上腕二頭筋」と検索する。「ああ、ここか」と理解した近田は、すぐさまコミュニケーションアプリのＬＩＮＥを起動して、質問してきた部員に返事を打った。

上腕二頭筋などまだ初歩的なほうで、京大生は筋肉、関節、腱《けん》まで人体のあらゆる部位の質問を近田に浴びせてきた。そのたびに、近田はメモ書きを元に帰路で調べ、部員たちに答えるようになった。

「俺、医者にでもなるんかな？」

近田はそうひとりごち、笑った。本業の仕事をしながら大学野球部のコーチを務め、2時間かけて帰宅する生活。体力的には大変だったが、不思議と「やめたい」とは思わなかった。どんな形であれ、人から求められることは心地よかった。

自分はプロでは通用しない

1990年4月30日、近田は兵庫県三田《さんだ》市で三兄弟の三男として生まれた。「怜王」の名前には「人の上に立つ人間になってほしい」という願いが込められている。また、「怜」の字は母・怜子《れいこ》の漢字から取られた。

怜子は鹿児島県の南側に位置する離島の種子島《たねがしま》で生まれ育っている。学生時代はソフトボールをプレーし、息子たちには「ピッチャーもやっていて、すごかったのよ」と自慢げに語った。怜子は野球にのめり込む怜王を献身的にサポートし、平日も練習に付き合ってくれた。

そのかいあってか、怜王は速球派サウスポーとして地域の有名人になった。中学時代に所属した三田リトルシニアでは、シニア日本代表に選ばれ世界大会に出場。高校進学時には60校あまりの強豪校から誘いを受け、名門・報徳《ほうとく》学園に進学している。

高校1年時から「スーパー1年生」としてメディアにも取り上げられ、高校在学中に甲子園《こうしえん》には3回も出場した。2008年のプロ野球ドラフト会議では、福岡ソフトバンクホークスから3位で指名され、プロ入りを果たす。絵に描いたようなエリートコースである。

だが、近田がプロで輝くことはなかった。高校時代に投球障害であるイップスを発症した影響もあり、近田自身「一番いい時の感覚が戻りきったことはない」と考えている。そして、仮にイップスがなかったとしても、「自分の性格では通用しなかった」と近田は振り返る。

「プロは我が強くて、『オレが、オレが』という選手が多い世界です。先輩を見ていても、中《なか》村晃《むらあきら》さんなんかプライベートではめちゃくちゃいい人ですけど、自分の芯《しん》があってひたすら練習していました。僕の性格上、そこまで入り込むのは無理やったなと感じます」

2学年下の育成選手の後輩を食事に誘ったが、待ち合わせ時間になってもその後輩は現れなかった。近田の心配をよそに、後輩は遅刻しても平然とした様子で店にやってきた。遅刻の理由を尋ねると、「やるべき練習メニューをやってから来ました」とこともなげに言う。近田は怒りよりも先に、「こういうヤツがプロで成功するんやろうな」と感心してしまった。その育成選手とは、のちにソフトバンクのエースとなり、メジャーリーガーとなる千賀滉大《せんがこうだい》である。

1軍で登板できないまま迎えたプロ4年目の夏場からは、野手に転向した。投手に見切りをつけたというよりは、「いつか指導者になった時に野手としてプレーした経験が生きるはず」という考えが強かった。同年秋に、近田はソフトバンクから戦力外通告を受けた。

ただし、球団からは「育成選手として再契約して、野手でもう1年やってほしい」と打診されていた。千賀からは「残って一緒にやりましょうよ」と誘われたが、層の厚いソフトバンクで自分が大成するイメージが描けなかった。近田はソフトバンク退団を決断。今度は投手として12球団合同トライアウトを受験したものの、プロ球団からのオファーは届かなかった。

そんな近田に声をかけてきた人物がいた。当時、社会人野球チーム・JR西日本で総監督を務めていた後藤寿彦《ごとうとしひこ》である。後藤はアマチュア野球の重鎮で、かつては慶應義塾大の監督として高橋由伸《たかはしよしのぶ》（元巨人）らを指導した。その後もプロアマ混成チームとなった2001年のIBAFワールドカップ日本代表の監督を務めている。近田のことは高校野球のテレビ解説者を務めた際に知り、その後も動静を気にしてくれていたのだ。

「将来指導者になりたいなら、社会人野球を経験したらどうだ？」

後藤の誘いを受け、近田はJR西日本に入社する。野球部が活動する広島に移り住んだ。社会人野球では投手としてプレーしたが、「上から投げる感覚が戻らなくて」とサイドスローに転向。3年間プレーし、社会人野球の一大イベントである都市対抗野球大会にも出場した。

首脳陣からは「残ってくれ」と強い慰留を受けたが、2015年に現役引退を決めた。

「もうプロに戻るのは無理やな、と思ったのと、プロに行けるかもしれない後輩に自分の枠を与えてほしいという思いがありました」

翌年からはJR西日本の鉄道マンとして社業に専念した。猛勉強の末に車掌の資格を取り、京阪神《けいはんしん》路線で車掌として勤務した。

ラッシュ時に電車が遅れると、乗客からは容赦ない罵声《ばせい》を浴びせられた。今まで野球一筋だった近田にとっては、一つひとつの経験が新鮮だった。

そんな近田に転機が訪れたのは、2016年の秋である。JRの催したパーティーで、近田は同社の大先輩である長谷川勝洋《はせがわかつひろ》の姿を見つける。長谷川は京大野球部の監督を務めた経験があり、JRの上役として広島まで講演に訪れたこともあった。

「高校野球ではダメでも、大学野球で強いチームとやれるから京大でやっていたんだ」

そう語る長谷川の話を「こんな世界もあるんやな」と近田は興味深く聞いた。挨拶《あいさつ》に出向くと、長谷川も近田のことを覚えていてくれた。そして、近田は思いがけない提案を受ける。

「京大に教えにきてくれないか?」

将来的に野球の指導者になりたい希望を持っていた近田は、少しでも経験になればと長谷川の提案を快諾した。監督を務める青木《あおき》孝守《たかもり》も親子以上に歳の離れた近田を歓迎してくれ、2017年1月にコーチに就任。といっても京大野球部に潤沢な予算はなく、あくまでもボランティアとしての指導だった。

70季中67季で最下位に沈んだ圧倒的弱小

「研究気質の選手が多いので、近田さんのスキルアップのために彼らを使っていろいろと試してみてくださいね」

監督の青木はそう言って、近田のやりたいように任せてくれた。

最初は週1回指導する予定だったのが、いつしか1日、2日と増えていった。近田は京大野球部での指導にやりがいを覚え始めていた。

「学生が絶えず僕に『宿題』を与えてくるんです。学生から聞かれてわからないことに対して、

『次までにどうすればいいか考えとくわ』と言うと、『お願いします』と返ってくる。頼られるとこちらもうれしいですから、プロ時代のトレーニングコーチに相談したりして、なんとか応《こた》えてやりたいと思っていました。彼らが僕を導いてくれたようなものですよ」

指導するうちに、京大生の気質が見えてきた。近田の目に京大生は「考えすぎ」と映った。

「野球では『1球1球予測して、考えなさい』とよく言いますが、京大の選手は打席で考えすぎて、体が固まって動かないということがよくありました」

あらゆることに対応しようと考えるから、かえって体が反応できない。近田はそんな選手に「割り切りなさい」とアドバイスを送っている。アウトコースを狙う打席では、インコースの見逃し三振でもオーケー。守備中にケアしていない方向に打球が飛んできたら、捕れなくてもオーケー。そうして、「逃げ道」をつくってやることに腐心した。

京大生は技術的なこだわりも強かった。とくにフォームの「形」を追究する選手が多く、近田は「フォームも大事だけど、崩されてからどう打つかが大事じゃない？」と説いた。

京大野球部は関西学生野球連盟に所属する。同連盟に所属するのは、ほかに近畿大、立命館大、同志社大、関西大、関西学院《かんせい》大の5校。リーグ優勝経験のある5校と対照的に京大は優勝経験がないどころか、過去最高順位は5位。近田が就任した時点で、70季中67季でリーグ6位となっており、もはや最下位が定位置というありさまだった。

旧関西六大学時代の1934年秋、1939年秋に「京都帝国大」としてリーグ優勝した実績はあるものの、1982年に関西学生野球連盟が発足してからは惨敗の歴史が続いていた。

だが、それも仕方ないと思えるような事情がある。その時点でリーグ最多となる35回の優勝を飾った近大には、1学年あたり20人のスポーツ推薦枠が設けられている。ほかの大学も程度の差はあれど、今は野球部の推薦入学枠がある。

京大にはスポーツ推薦がないどころか、入試を突破すること自体が極めて高いハードルとしてそびえ立っている。野球部の門を叩《たた》くのは、高校野球での実績がほとんどない進学校の選手に限られる。

部員数は1学年あたり20名前後で、その半分以上が浪人経験者である。平日は13時から18時までの時間帯に、履修授業がない部員が集まって練習する。野球部の寮はなく、ルームシェアして暮らす部員もいる。大学生活の傍ら、アルバイトに精を出す部員も多い。

予算もなければ、環境もない。吉田南構内にある野球場にしても両翼90メートル程度の広さしかなく、しかもほぼ正方形の形状である。室内練習施設はなく、雨が降ればその日の練習が中止になってしまう。自身も京大野球部OBである青木は、頭を悩ませていた。

「私が指導するようになった頃（2013年）は、とにかく打てなかったんです。チーム打率が1割台前半だった時もあります。近大なんかウチとの試合では外野の守備位置がすごく浅くて、ヒットが４本出ないと点が取れないんです。チーム打率が２割だとしたら、点を取れるとしても０・２の４乗で天文学的な確率になってしまいます」

２０１５年に監督に就任した青木が改革したのは、打撃面だった。青木は選手たちに「低めの見逃し三振はオーケー」と伝える。その理由は「低めのボールは当たっても、ヒットにならないから」と単純明快だった。

「公立高校のようにボールをじっくり見ていたら、関西学生リーグの投手はコントロールがいいので、あっという間に２ストライクに追い込まれてしまいます。２ストライク後の打率は１割にも満たないわけです。いかに追い込まれる前に、高めの甘いボールを打てるかが大事です」

高校野球は３年間だが、大学野球は４年間とスパンが長いことも強豪チームに対抗するための重要な要素になっている。青木は選手たちにこう語りかけた。

「大学に入った時に大きな差があっても、それを４年間でどこまで縮められるかだよ」

青木孝守の京大合格必勝法

当時学習塾を経営していた青木は、リクルート面でもできる限りのことをした。近畿圏の進学校を回り、有望な選手がいると聞けば「ぜひ京大を受験してください」と勧誘した。

「でも、京大さんは入試が難しいでしょう?」

そんな及び腰の反応をされるたびに、青木はこう豪語した。

「東大ほど難しくありませんよ。京大には受け方、攻め方があるんです」

東大が共通テストの全科目を評価するのに対し、京大は学部によって科目の配点がバラバラ。つまり、京大の入試は東大ほどオールマイティーではなく、得意分野を生かせる仕組みになっているのだ。青木は受験生の高校での成績を見て、「この科目が苦手なら、京大のこの学部が入りやすいですよ」とアドバイスを送った。難関であることに違いはないが、青木は「受けてもらえないと始まらない」と受験生を全力でサポートした。

「大学で『甲子園に行ってるヤツを打ち負かそう』と本気で思っているヤツが1学年あたり15人ほしかったんです。人数が少なければ、競争も始まらない。『大学野球って浪人するとできないんじゃないですか?』という誤解もありましたが、『京大では浪人しても1年間じっくり鍛えて、2~4回生で勝負できます』と伝えてきました」

そんな青木の献身もあって、1学年あたり10人にも満たなかった部員数は徐々に増えていき、やがて1学年あたり20人前後も集まるようになっていた。

2014年には「京大史上ナンバーワン投手」と言われた田中英祐《たなかえいすけ》がロッテからドラフト2

位指名を受け、プロ入りを果たした。田中は在学中に通算8勝31敗と大きく負け越したものの、防御率は2・25と高水準だった。京大の投手として初めて5大学から勝ち星を挙げ、ベストナインも2回受賞している。田中はプロでは投球感覚を崩して大成できなかったものの、京大からプロ野球選手が誕生したのは初めてのことだった。それは「プロや社会人野球を目指すような選手が出てこないと勝てない」という信念を持つ、青木の願いが一つ叶《かな》った出来事でもあった。

その一方で、青木は限界を感じ始めてもいた。

「私自身もずっとグラウンドにいられるわけではありませんし、京大野球部は社会人やプロを経験したOBが圧倒的に少ない。その血を入れないと、強くならないと考えていました」

そうした状況でコーチに就任したのが、近田だったのだ。青木は36歳も年齢の離れた近田に対して、常に丁寧な口調で接する。青木に言わせれば、「社会人として当然」だという。

「年齢差はあっても、人間に上下関係はありません。たしかに近田さんは僕の息子より年齢は下ですけど、苦労もされているし敬意を持って接しています。野球界以外の世界では、それが当たり前ではないでしょうか」

青木という理解者の後押しを受け、近田は指導者として着々と経験を積んでいった。

謎のガリ勉アナリスト

2019年4月。京大野球部2回生の池田唯央《いけだいお》は、颯爽《さっそう》とグラウンドに出た。

池田は滋賀の公立進学校・膳所《ぜぜ》高校出身の大型投手だ。高校2年まで捕手だったが、身長190センチの巨体と強肩を生かして投手に転向。当初は「名古屋大に進学しようかな」と考えていたが、京大の青木から熱心な誘いを受けて一浪の末に工学部に入学した。

なお、学年の年次を意味する「○回生」という呼称は、近畿圏の大学ではポピュラーになっている。そのルーツは京大が由来という説がある。京大より早く設立された東京大が学年ごとに進級試験を受ける仕組みだったのに対して、京大は一定の単位を取れば卒業できる仕組みだった。そのため学年で区切るのではなく、「○回生」と呼ぶようになったという。

池田が投球練習を始めようとすると、見覚えのない学生が立っていた。

「なにもんや?」

明らかに異質なムードをまとっていた。やや丸みを帯びた体型。メガネをかけ、黒髪でいかにもおとなしそうな顔つき。手にはノートパソコンを携えている。

「いかにも『ガリ勉の京大生』って感じやな。キャンパスではよく見かけるけど、グラウンドではあまり見ないタイプやな」

聞けば、「アナリスト」志望の新入生だという。池田は「ああ、今年から募集をしたやつか」と納得した。

京大野球部はこの年から、簡易型弾道測定器のラプソードを導入することになった。ラプソードとは、投球・打撃のデータを測定・分析するトラッキングシステムのこと。投手なら自身の投げたボールの球速だけでなく、回転数や回転軸、回転効率などの数値が計測できる。MLBやNPBの球団でも導入され、技術向上につなげている。

投手のデータを計測するなら、ホームベースから5メートル弱、投手寄りの場所に三角柱の保護タンクに収納された機器をセットする。この状態で投手が投球すると、レーダーがボールを感知してデータを取得。Wi-Fiを通してiPadに転送される。

慶應義塾大がラプソードを活用している記事を読んだ青木が「今までと違うアプローチができるかもしれない」と考え、京大でも購入することになったのだ。

だが、肝心のラプソードを扱える人材が野球部にはいなかった。そこで野球競技経験の有無を問わず、ラプソードを扱うための「アナリスト」を募集した。

応募してきた新入生は、「三原大知」と名乗った。日本屈指の進学校である灘《なだ》高校出身。一浪を経て、経済学部に入学している。

池田は三原の風貌《ふうぼう》をしげしげと観察した。女子マネージャーですらグラウンドにはジャージ姿で来るというのに、三原はフリースにジーンズといかにも大学生の私服姿という出《い》で立ち。さらに一目で運動用ではないとわかる、カラフルなスニーカーを履いていた。

「なんじゃ、その虹色みたいなクツは。面白そうなヤツやな」

三原に体育会の匂いがまったくしないことが、逆に池田の興味をかき立てた。なにしろ三原が中学・高校時代に所属した部活は生物研究部だったのだ。野球のプレー経験は皆無だという。その代わり高校時代からＭＬＢのデータサイトに入り浸り、データ関連の知識が豊富だった。

「いろいろと教えてや！」

積極的に話しかける池田に対し、三原は警戒心が解けないのか腰が引けているようだった。三原と部員が打ち解けるには少し時間がかかった。なにしろ、三原がグラウンドに顔を出すのは投手が投球練習をする日だけ。青木の方針で「好きな時に週１～２回、来てくれればいいよ」と伝えていたからだ。

神奈川の栄光《えいこう》学園から京大に進学した外野手の出口諒《でぐちりょう》は、講義中に目の前の席に座っているのが三原だと気づいた。

「そうか、同じ経済学部だったもんな」

三原は講義を聞かずに、タブレット端末を熱心に操作していた。出口が興味本位で後ろから画面をのぞくと、そこには意外なものが映っていた。

「えっ、こいつ、ダルビッシュとDM（ダイレクトメッセージ）やってんの？」

三原はSNSのメッセージ機能を使って、メジャーリーガーのダルビッシュ有《ゆう》とやりとりを交わしているところだったのだ。

「こいつ、いったい何者なんだ……？」

謎の素人アナリスト・三原大知の大学野球は、ひっそりと始まっていた。

第2章

京大で野球をやる意味

ライバルは「アメフト」と「ヲタ活」

京大野球部には九つの班が存在し、部員全員がいずれかの班に所属する決まりになっている。学生トレーナーを中心に故障者の情報を把握するメディカル班、練習に使う道具の管理や積み込みをする道具班、表計算ソフト・Ｅｘｃｅｌを用いて対戦校と自チームのデータを分析するデータ班、リーグ戦の告知や速報を発信する広報班、毎日30分行うトレーニングやウォーミングアップの内容を考えるトレーニング班など。

そのなかに、新入生を勧誘する「リクルート班」が存在する。２０１９年度のリクルート班がとくにマークしていたのは、２人の有望投手である。

１人目は北野《きたの》高校から一浪の末に入学した牧野《まきの》斗威《とうい》。北野は大阪トップクラスの公立進学校として知られるが、牧野は高校時代に最速１３９キロを計測した速球派左腕だった。２年秋にはエースとして大阪大会ベスト８に進出。のちにドラフト１位でプロに進むことになる履正社《りせいしゃ》の安田《やすだ》尚憲《ひさのり》（現ロッテ）らとともに大阪選抜に選ばれ、台湾遠征を経験した。

もう１人は膳所高校から現役合格した手塚《てづか》皓己《こうき》である。手塚は１３０キロ台後半の速球を投げる大型右腕で、なによりも京大生としては珍しく甲子園出場経験者である。高校２年秋の滋賀大会でベスト８に食い込み、21世紀枠として翌春センバツに出場した。甲子園では日本航空石川に0対10と大敗したものの、手塚はエースとして完投している。高校時代に１８８センチだった身長は、大学で１９１センチまで伸びることになる。

ところが、リクルート班は絶対に逃せない２人の勧誘に手こずる。実は２人とも、「野球は高校で終えよう」と考えていたからだ。

牧野は皮肉にも、大阪選抜で自信を喪失していた。

「秋に結果を残して、ちょっとテングになっていた鼻をへし折られました。能力の高い人が、意識高く野球に取り組んでいる。自分は絶対にこのレベルまで到達できないとわかりました。高校３年時にケガをしてしまったこともあって、野球は高校で区切りにしようかなと」

一方で、強豪として名高いアメリカンフットボール部から熱心な勧誘を受け、牧野の心は揺れ動いていた。

牧野は４人兄弟の次男として生まれた。両親はともに専門学校卒で、学業優秀だった牧野は周囲から「突然変異」「誰の子やねん」と評されたという。もし一浪して京大に合格できなければ、「大学には行かずに消防士になろう」と考えていた。大学では工学部地球工学科で環境問題を学ぶうちに農業に関心が芽生え、「跡取りで困っている農家の養子になりたい」と言い始める突飛な人間だった。

一方の手塚は、高校で甲子園に出た達成感もあり、「燃え尽きた」という。

「大学では高校ほどの熱量を持ってできないだろうと思いました。関西学生リーグは相手も強いし、ダラダラやっていたら時間がもったいない。『本気でやれへんなら意味ないな』と思ってましたから」

そしてもう一つ、手塚には野球部への入部を渋る大事な理由があった。大学では大ファンである欅坂46《けやきざか》（現櫻坂46《さくらざか》）を追いかける「ヲタ活」に精を出そうと考えていたからだ。

「もともとアイドルは好きじゃなかったんですけど、欅坂のセンターを務めていた平手友梨奈《ひらてゆりな》さんのファンになって。あのアイドルらしくない反骨心と強さに惹《ひ》かれました。彼女たちが頑張っている姿を見て、『自分も頑張ろう』と勇気をもらえるんです」

それでも、手塚は監督の青木孝守と主将の西拓樹《にしたくな》から説得を受け、5月には野球部への入部を決める。決め手になったのは、「優勝を目指す」という青木の言葉だった。

「もし、『最下位脱却』が目標やったら、入ってなかったかもしれません。やるからには優勝を目指さな、意味ないですからね」

とはいえ、ヲタ活もひっそりと継続していた。時には野球部の練習をサボり、夜行バスに乗って欅坂46のライブに向かうこともあった。

そして牧野も、5月に野球部に入部届を提出することになる。

「スポーツをガチガチの本気でやれるのは大学が最後になるでしょうから、野球とアメフトのどっちにしようか五分五分で悩みました。でも、最後は高校時代の先輩とまた一緒に野球をやりたいと思って、野球部に入ることにしました」

関西学生リーグの他大学なら、有望な新入生は入学前のキャンプから招集され、早くチームに順応できるよう英才教育が施される。だが、スポーツ推薦などない京大では、牧野と手塚のように入学後のすったもんだが起きることもある。ただでさえ能力差があるというのに、他大学とのスタートの差は大きかった。

浪人生が多いがゆえの「逆転現象」

牧野は投手陣の練習に参加するようになると、ある大男の能力に度肝を抜かれた。

「体がデカいのに立ち幅跳びも遠投も何をさせても一番やし、とんでもないポテンシャルやな。こいつにはかなわんわ……」

同じ新入生の水口創太《みなくちそうた》だった。水口は身長194センチの超大型右腕で、手塚と同じ膳所高校出身。といっても水口は一浪しているため、年齢的には手塚の1年先輩になる。

水口は医学部に合格していた。一般的に「医学部」といえば医師を目指す学部に思えるが、水口の入った人間健康科学科は看護師、理学療法士、作業療法士、臨床検査技師などの人材を育成する学科。水口の場合は理学療法士の資格取得を目指していた。のちに水口は「医学部といっても、医者を目指しているわけではありません」と多くの人間に説明して回るはめになる。

父は身長１７３センチ、母は身長１６８センチと飛び抜けて大きな体ではなかったが、中学３年時に１８７センチまで伸びた。本人は「しっかりした生活リズムで睡眠時間をとっていたから」と推測するが、その理屈が万人に当てはまるかと言えば疑問が残る。

高校時代は肩や腰の故障に苦しみ、目立った実績は挙げられなかった。それでも、大きな体を持て余すことなく扱える水口は、牧野の見立て通り豊かなポテンシャルを秘めていた。

さらにこの学年には、天王寺《てんのうじ》高校出身で身長１８０センチ台中盤の大型左腕・木村圭吾《きむらけいご》や、過去２回のセンバツ出場実績がある三国丘《みくにがおか》高校でエースを務めた右腕・村尾昂紀《むらおこうき》など、好投手がひしめいていた。監督の青木も「彼らが４回生になった頃には、打線が打てさえすれば勝負できるやろう」と手応《てごた》えを得ていた。

そんな同期を尻目《しりめ》に「京大って意外とレベルが高いんやな」と戸惑っていたのが、北野高校出身の徳田聡《とくださとる》である。徳田は現役合格のため、一浪した牧野の高校の１年後輩にあたる。

「高校時代の牧野さんはすごくて、遠い存在でした。なれなれしくしゃべったりできなかったですし、最初は同回生ということにやりにくさがありました」

高校時代に大阪選抜に選ばれた牧野に対して、徳田は高校時点の球速は１２０キロ台中盤と目立たない存在だった。高校3年夏の大阪大会も初戦で敗退している。入学時点で身長178センチ、体重69キロと細身の右投手だった。

京大は浪人生が多く、出身校も進学校に偏るため、上下関係が複雑になる。基本的には学年が基準となり、敬語の使用有無が生まれる。だが、二浪して入学した部員が、1学年下で現役合格した部員の「後輩」になるという逆転現象も頻繁に起こる。

ただし、京大野球部の上下関係は、一般的な体育会にありがちな厳密なものではない。徳田が覚えたやりにくさも、入部して1～2カ月も経つと霧散していた。

「牧野さんはしょうもない下ネタを言ったり、同じことばかりしゃべっていたり、小学生みたいなんですよ。高校ではそのイメージがまったくなかったので、間近でそんな姿を見て後輩の僕からしたらナメやすくなりましたよね。距離がどんどん近づいて、タメ口になりました」

呼び名も「牧野さん」から、「オケツさん」に変わった。入学当初の牧野は一浪した影響もあって太り気味で尻が異様に発達していたため、周囲から「オケツ」と呼ばれていたのだ。

「クソ陰キャ」と通じ合った日

京大野球部は9月の夏場に1回生だけでキャンプを行う。

手塚は宿泊施設で、アナリストとして入部した三原大知の姿を見かけた。三原に対して、手塚はあまりいい印象を抱いていなかった。最初にグラウンドで三原を見た時の感想は「クソ陰キャやな」。出身校が灘高校と聞き、「やっぱり灘って、漫画に出てくるガリ勉みたいなヤツがいっぱいいるんやな」と偏見交じりに納得していた。三原は監督の青木や2回生の池田唯央と話す機会が多く、手塚が会話する機会はほとんどなかった。

そんな三原が着ている部屋着のTシャツを見て、手塚は驚きの声をあげた。

「おまえ、乃木坂《のぎざか》好きやったん？」

三原が着ていたのは、乃木坂46のツアーTシャツだった。欅坂46ファンである手塚にとっては、同じ「坂道グループ」の同志を見つけた親しみがこみ上げた。

話してみると、三原は乃木坂46の星野《ほしの》みなみ（2022年に卒業、芸能界引退）のファンだとわかった。それ以来、手塚と三原はアイドルという共通の趣味で強固に結ばれていく。

風貌《ふうぼう》は「陰キャ」「ガリ勉」のムードがあった三原だが、腹を割って話してみると酒好きでくだけた人柄だった。手塚は「なんや、オレらよりファンキーやな」と感じた。

その合宿中、手塚は1回生で初めて130キロ台の球速を計測。「同期で一番乗りや！」と喜んだ。体力が戻らない浪人生や故障者が多く、計測自体ができない投手もいた。

ラプソードで手塚のデータを見た三原は、こんな感想を漏らした。

「ストレートのシュート成分が少し強いから、このボールをどう生かしてほかの球種と組み合わせるかだね。スライダーの数値はいいから、あとはシンカー系の落ちる球があるといいな」

手塚は「何言ってるかわからんけど、なんかすごいことを言ってるんやろな」と三原の言葉を理解できずにいた。

その後も、手塚と三原は関係性を深めていく。時には三原が一人暮らしするアパートでアイドルのライブ配信を鑑賞することもあった。

手塚が巨体を乗り出し、興奮しながら前のめりで楽しむのに対して、三原は背もたれに身を深く埋《うず》め、腕組みをしながら堪能《たんのう》する。アイドルに対しての対照的な温度感は、両者の野球に対するスタンスと似通っていた。

天邪鬼のアンダースロー

1回生の投手陣は有望視されていたとはいえ、前述の通り浪人生や故障者も多く早々に戦力になるのは難しかった。そんななか、1回生でいち早くベンチ入りを果たしたのは、内野手の愛澤祐亮《あいざわゆうすけ》である。

愛澤は栃木県の宇都宮《うつのみや》高校出身。栃木県民から「宇高《うたか》」と呼ばれる、公立の名門進学校である。なぜ栃木から京大を目指そうとしたか、その理由がふるっている。

「宇高には『東大を目指して当然だろ?』みたいな東大至上主義の風潮があって、僕は『凝り固まった価値観ではなく、関西で暮らしたい』と反抗したところがありました。日本文学を勉強していて、京都に対する憧《あこが》れもありましたし」

理系の学部生が多い京大野球部にあって、愛澤は珍しく文学部の学生だ。愛読書は平安時代の歌物語『伊勢物語』。同作は平安時代初期に実在した貴族の在原業平《ありわらのなりひら》が主人公と言われ、主人公の恋模様を中心に描かれている。

「言ってしまえば、宮廷文化のゴシップですよね。高貴な身分でも、結局は禁断の恋とかゴシップが好きなんだな、という人間的なところが好きなんです」

こうした言動からも伝わるように、愛澤には物事に対して斜に構えたところがある。

幼少期から野球も勉強も、なんでも器用にこなしてしまう子どもだった。両親から「勉強しなさい」と厳しく言われたことはないが、努力を怠ったことはなかった。愛澤は「見栄《みえ》っ張りだったんです」と振り返る。

「今にして思えば身の程知らずなんですけど、勉強も野球も誰が相手でも勝てると思っていたんです。勉強なら順位が出されるので、『いい順位を取りたい』と勉強して。いい順位が取れないと、『できる自分』が崩れちゃうような恐怖心がありました」

野球でも宇都宮ポニーで活躍し、強豪私学からの誘いもあった。だが、愛澤はそこでも持ち前の天邪鬼《あまのじゃく》を発揮して「公立進学校で強豪私学に勝ちたい」と宇都宮高校に進む。

大学受験の準備は予備校に通うことなく、高校の授業と自習のみ。長期的な戦略はなく、目の前の課題をクリアし続けて合格最低点を1・5点上回った。愛澤は「公立の中高を出て、塾にも行ってないので、誰よりもコスパよく京大に合格したと思います」と笑う。

その一方で、野球選手としての愛澤には「器用貧乏」というコンプレックスがあった。何をやらせてもそこそこなせる反面、突き抜けた能力がない。高校時代は二塁手としてプレーする傍ら、アンダースローの投手としてもプレーした。

「同じ栃木出身の渡辺俊介《わたなべしゅんすけ》さん（元ロッテほか）の『アンダースロー論』（光文社新書）という本を読んで、『アンダースローはあきらめの悪い人種だ』と書いてあったんです。僕も『上から投げても限界があるだろう』というあきらめから腕の振りがどんどん下がっていったので、すごく共感できました。強豪私学に勝つための方法として、アンダースローを磨いていったんです」

大学でも「投手としてリーグ戦のマウンドに立ちたい」という希望があったが、同期には手塚ら大型投手がひしめいていた。身長170センチにも満たない愛澤は「セカンドなら、すぐシートノックに入ってもいいよ」と言われ、内野手として入部することにした。

走攻守をソツなくこなせる愛澤は野手として即戦力になったが、「ピッチャーをやりたかったな」という無念は胸にくすぶり続けた。

28連敗からつかんだ初の「4位」

2019年の秋、京大のチーム状況はどん底にあった。夏場のオープン戦から勝てない試合が続き、秋季リーグ戦に入っても5連敗。オープン戦を含めて、引き分けを挟んで28連敗という惨状だった。

だが、投手指導を一手に引き受ける近田怜王に焦りはなかった。野手陣には中軸を任される主将の西や、3回生でアベレージヒッターの北野嘉一《きたのよしかつ》、さらに2回生ながらポイントゲッターの脇悠大《わきゆうだい》、3回生の絶対的正捕手である長野高明《ながのたかあき》と人材が揃っていた。「投手陣が整えば、ある程度戦える」という手応えを得た近田は、ある信念を持って投手起用をしていた。

「大学野球は軸になるピッチャーが2人、使えるピッチャーが最低でも4人はいないと勝ち点は取れません。オープン戦ではエースだけを使うのではなく、計算できるピッチャーを増やすために起用しては打たれて、ということを繰り返していました」

エースは4回生の藤原風太《ふじわらふうた》、2戦目の先発は3回生の原健登《はらけんと》と2人の軸になる右投手がいた。

問題は3番手以降の投手をいかに底上げできるか。野手陣からは「勝つ試合をつくってください」という要望もあがったが、近田は信念を貫いた。

その結果、台頭してきたのが4回生の仲村友介《なかむらゆうすけ》だった。仲村は慢性的に肩痛に苦しめられており、普段の練習ではキャッチボールの調整しかできない投手だった。だが、近田は「能力は高い」と評価しており、リリーフとして積極的に起用していく。すると、仲村は期待に応えて勝負所で力を発揮できるようになった。

一方、監督の青木は「みんなでご飯でも食べて、気持ちを一度リセットしよう」と提案した。選手たちはバーベキューを楽しみ、連敗続きで鬱屈《うっくつ》した気分を解放した。そんななか、2回生の脇は試合に出られない4回生への恩義を強く感じるようになっていた。

「自分が試合に出られなくてもメンバーのために練習を手伝ってくださる4回生や、自分たちの試合がなくても偵察の動画を撮りに行ってくださる4回生もいました。この人たちのために勝ちたいと思いましたし、チームが一つにまとまった感じがしました」

機は熟した。近大との2回戦では先発した原が一世一代の投球を披露する。近大の5番・一塁手として出場したのは、のちに4球団の重複1位指名を受けることになる大物スラッガーの佐藤輝明《さとうてるあき》（現阪神）である。だが、原は丁寧な投球で佐藤を4打数0安打に封じるなど、近大の強打線をわずか3安打に抑えて3対0で完封。長い連敗に終止符を打った。

さらに関西学院大との2戦目から破竹の4連勝を飾り、関西学院大と同志社大から勝ち点を奪った。勢いに乗った原が3勝、終盤戦でフル回転した仲村も2勝を挙げて、京大史上最多となるリーグ5勝をもたらした。リーグ4位も最高順位である。

投手陣につられるように、打線も勢いに乗った。北野は打率・405をマークして京大史上3人目となる首位打者を獲得。さらに2本塁打を放った西とともに、ベストナインを受賞した。脇もチーム最多タイとなる8打点を挙げ、チームに貢献している。

連勝中、脇は不思議な感覚にとらわれていた。

「あらためて野球ってすごいなと。チームが流れに乗ってる時って、負けてても『勝てる』というワクワク感があるんです。西さんが土壇場で同点ホームランを打って、神がかった展開で勝ってしまう。『京大でも勝てるんだ』と自信になりました」

そして、脇は力を込めてこう続けた。

「『リーグ優勝』という目標をはっきりとイメージして言える、大きなきっかけになりました」

指導者としてキャリアの浅い近田にとっても、得がたい経験になった。

「4～5番手のピッチャーが上がってこないと勝てない。この考えは間違っていないと思えました。オープン戦でいろんなピッチャーを使って、経験値を上げないといけない。たとえスピードがなくても、自信を持ってマウンドに上がれるピッチャーを増やしていけば勝てる。最後に４連勝したことで、そのことに確信を持てました」

その自信は、スタンドで見ていた多くの１回生へと伝播《でんぱ》していく。

２０１９年秋に残した５勝７敗、リーグ４位という結果は、「弱小」のレッテルを貼られた京大野球部の歴史に大きな楔《くさび》を打ち込んだ。

第3章

元生物部の「クソ陰キャ」

燃え尽きたエリート

三原大知は飼育ケージのエサ皿にニンジンなどの野菜を入れた。ケージのなかには、大学2回生から飼い始めたリクガメが入っている。

三原は中学、高校と生物研究部に入っていたように、もともと生き物が好きだった。なかでもカメには思い入れがあった。

リクガメの何がいいかと問われれば、「何を考えているのかわからないから、逆に惹《ひ》かれるのかも」と三原は答える。カメだけでなく、トカゲやカメレオンなどの爬虫類《はちゅうるい》全般が好きだ。「哺乳類《ほにゅうるい》にはないミステリアスさがある」というのが、三原のお気に入りポイント。また、カメと言えば童話『ウサギとカメ』にあるように鈍重なイメージがつきまとうが、実はリクガメは機敏に動ける。そのギャップも三原には魅力的に映っていた。

三原が飼っているリクガメに名前はない。カメはイヌやネコのように、人間から名前を呼ばれて反応する生物ではない。だが、名前をつける意味を見出《みいだ》せなかったというよりは、とくに何も考えずに「つけるタイミングを逸した」というのが正直なところだった。

なぜリクガメを飼い始めたかといえば、時間を持て余していたからだ。

2020年に新型コロナウイルス感染症が世界的大流行を見せ、新学期に入ってから野球部の活動はストップしていた。選手たちは個人でできる練習を続けていたが、アナリストの三原がやれることはなかった。リクガメの存在は、三原の孤独をやわらげてくれた。

三原は1999年6月9日に、大阪府吹田《すいた》市に一人っ子として生まれた。両親はともに関西大卒で、父の伸一郎《しんいちろう》は家具メーカーに勤めるサラリーマンである。父方の祖父はかつて家具屋を経営しており、ものづくりに縁のある家系だった。だが、三原本人にものづくりへの興味はなかった。

幼稚園児の頃に小学校受験をし、国立の名門・大阪教育大学附属池田《いけだ》小学校に合格。三原のスポーツ経験といえば、小学生時に楽しんだサッカーくらいのものだった。

小学4年時に、三原は「灘中を受験する」と宣言する。近畿地方を中心に展開される学習塾・馬渕《まぶち》教室に通っていた三原は、塾講師から「灘に行け」と勧められていた。仲のいいクラスメートと3人で受けた模試は、3人で全国1〜3位の順位を独占。三原は2位だった。

「勉強する習慣があって、成績はよかったんです。仲のいい他の2人が灘志望だったので、僕も一緒に受験したい思いが強くて灘を志望しました。2人に負けたくない思いもあったのかもしれません」

両親は「池田小にいれば、高校まで内部進学できるのだから」と反対した。だが、三原は自分の意志を曲げなかった。全国トップクラス、西日本最難関と言われる灘に挑戦することに意味があると思えた。とくに得意だったのは算数である。三原は灘中の入試を見事に突破する。

だが、三原は灘中に合格した時点で目標を失っていた。「何のために勉強してるのか?」と疑問を抱き、習慣化されていた勉強をしなくなった。小学生時に仲のよかった2人が、灘中に入れなかったことも少なからず影響したのかもしれない。

下位の成績に低迷する三原は、両親から叱責《しっせき》を受けっぱなしだった。三原は両親が灘中の受験を反対した理由が理解できたような気がした。

「よくも悪くも現実的で、たいした人間じゃないと親もわかっていたから、灘に行くのを反対したんだろうと思うんです。いい大学に入りたい思いはありましたけど、灘に入った時点で燃え尽きてしまって。『成績を上げたい』という意欲がなくなりました」

カエルの解剖

勉強への意欲は失ったものの、灘での学校生活が楽しくなかったわけではない。

部活は生物研究部に入部した。灘は中高一貫校であり、生物研究部は中学生と高校生が一緒に活動する。ただし、活動と言っても普段は部室で雑談したり、トランプに興じたりするくらいのもの。三原はここで「ナポレオン」というトランプゲームに熱中する。

ナポレオンとは基本的に5人でプレーするゲームで、「ナポレオン軍」と「連合軍」の2チームに分かれて絵札を取り合う。三原は「戦略要素が多くて、駆け引きも多いゲームなので好きでした」と振り返る。部内ではトップクラスの戦績だった。

生物研究部らしい活動といえば、文化祭で来場者に披露する「カエルの解剖」である。解剖を行う教室内や別室のモニター前に来場者を呼び、生物研究部員が解説担当者と解剖担当者に分かれて解剖を進める。三原は解剖を大の得意としていた。

解剖用として業者から購入したカエルをジエチルエーテルで眠らせ、手術用のハサミやピンセットを駆使して切開していく。切りどころを間違えれば出血量が多くなり、観覧者に見づらくなってしまう。三原は「どうやったら時間内に効率よく、きれいに切れるか」を追究した。

「心臓が動いてる状態でやったほうが、わかりやすいんです。胃の中に何が入っているかを見て、ザリガニを食べた跡が残っていたり。モニターで見てる人を入れたら、100人以上の人が見ていたんじゃないですか」

生物の命を扱うだけに、解剖することに罪悪感が生まれることや気持ちの折り合いをつけることもあるのではないか。そう尋ねても、三原は首をひねって「それはなかったですね」と明かす。

「血管を傷つけずにきれいに解剖できると、楽しいんです。これは理解されにくいんですけど」

　言葉だけを聞くと〝マッドサイエンティスト〟の印象を受けてしまうかもしれない。だが、学問というものは過度に倫理観を持ち込むと、本質から遠ざかっていくものなのだろう。

　ただし、三原はエリート校の勉強競争から逃避した。その手段としてのめり込んだのが、野球だった。プレー経験こそないものの、三原は幼少期から野球を見るのが好きだった。父・伸一郎が阪神ファンだったこともあり、3歳で初めて甲子園球場のスタンドに足を踏み入れた。

　4歳時の2003年には阪神が18年ぶりのリーグ優勝を果たした。当時は伸一郎の仕事の都合で福岡県に住んでおり、ダイエー（現ソフトバンク）との日本シリーズで敗れた際には幼稚園で1人だけ涙を流したという。ただし、本人に当時の記憶は残っていない。

　灘の校舎から甲子園球場までは、電車を使えば30分もかからずに到着する。三原は野球好きの友人と連れ立って、よく観戦に訪れた。スタンドから大声を出して応援するタイプではなく、じっと静かに試合を見つめ、分析するのが三原の楽しみ方だった。アイドルのライブ鑑賞と同じである。

　なかでも、三原がのめり込んだのは投手の分析だった。幼少期は松坂大輔《まつざかだいすけ》（元西武ほか）や斉藤和巳《さいとうかずみ》（元ソフトバンク）に魅了され、中高生の頃のヒーローはダルビッシュ有だった。

「本質的に、ピッチャーが好きなんだと思います。野球を考えて見るようになった頃にダルビッシュさんがMLBに行ったので、ピッチャーを評価するデータの指標がいろいろあるんだということも知りました」

英語で書かれたMLBのデータサイトに入り浸り、さまざまなデータに触れるようになった。MLBではスタットキャストで取得したデータが一般公開され、野球ファンがデータを通して野球を楽しむ文化が成熟しているのだ。

スタットキャストとは、ステレオカメラやレーダーで選手やボールの動きを分析するデータ解析ツールのこと。2015年にMLB全球団の本拠地で本格導入されている。選手の球速や回転数、打球速度や飛距離などの詳細なプレーデータを取得できるのだ。

三原は数々のデータに触れるなかで、成績を残せる投手にはパターンがあると理解する。

「真っすぐの軌道からいかに曲げられるかが、今の時代では求められています。バッターの予測する以上に大きく曲げるのか、バッターの手元で小さく動かして打ち取るのか。日本人ピッチャーの場合は真っすぐの軌道から落ちるフォークが大きなカギになっています」

「ピッチトンネル」という概念を知ったのも中高生の頃だった。ストレートの軌道を基本線として、変化球をストレートの軌道から変化させると打者は判別がつきにくいという考え方だ。

三原は自身のSNSアカウントをつくり、インターネット上でさまざまな野球マニアと交流するようになる。ネット上で揉《も》まれた中高生時代が、三原の野球観の根幹になっていた。

「おまえ、一生努力せんな」

トランプと解剖と野球に熱中したモラトリアムのような中高時代は一気に過ぎ、三原は受験生になった。だが、学業への意欲を失っていた三原は、当然のように浪人生になる。

「是が非でも京大に行きたい」

そんな悲壮な覚悟はまったくなかった。「関西の大学に行ってほしい」という両親の希望と、「どうせ浪人するならまともな大学に行きたい」という本人の軽薄な意思もあって、志望校を京大に定めた。三原の根底にあったのは、「余計な勉強はしたくない」という思いだった。

「大学受験は戦略なので。どう効率よくやるかしか考えていませんでした。自分の場合は戦えるのは数学でしたけど、バリバリの理系の人と比べたらそこまで強いわけじゃない。大学で勉強しないのもわかってましたし。その一方で、地理が好きで『地理なら楽しいから勉強できる』とも思いました。それで『文系経済なら数学で点数を取って、地理を勉強すればいけるか？』と考えたんです」

三原は志望学部を経済学部（文系）に定める。理系の経済学部の2次試験は数学、国語、英語の3科目しかなく、苦手の国語、英語の2科目をカバーできる自信がなかった。「文系経済なら好きな地理が加わって、高い確率でいけるやろう」と計算し、文系に決めたのだった。

「大学で経済学を学びたいから」「将来こんな仕事に就きたいから」といった高尚な理念や計画はまったくなかった。受験という名のロールプレーイングゲームをクリアするように三原は受験に備え、首尾よく合格を手にした。合格までのプロセスで苦労はしたが、三原からすれば「一浪して京大の経済学部は、灘高では地位的に低い」と自尊心を満たすものではなかった。

高校時代の担任教師に報告に行くと、「頑張ったのか？」と問われた。三原が「自分なりに努力しました」と答えると、教師は「はぁ」とため息を吐いてこう続けた。

「おまえ、一生努力せんな」

その言葉は、三原の胸に深く刻まれる。灘に入ってから自分にまとわりついていた、本質的な薄っぺらさを言い当てられたような気がした。

野球ヲタ、野球部に入る

京大に合格した三原は、漠然と「体育会のことをやりたいな」と考えていた。深い理由などない。「中高は文化系だったから、大学は違うことをやりたいな」という程度のものだ。

プレー経験のあるスポーツならサッカーだが、「ゴルフをやっても楽しいかな」という思いもあった。入学式では右も左もわからぬまま、新入生勧誘に躍起になる上回生からビラを渡され続け、紙の束は山のようにたまっていった。

さまざまな部・サークルの新入生歓迎のビラを眺めたが、三原にとってピンとくるものがあまりなかった。そんな時、硬式野球部の「アナリスト募集」のコピーに目が留まった。

「野球のデータなら興味があることやし、1回くらい話を聞いてみようかな」

そんな軽い感覚で、三原は京大野球部のグラウンドに顔を出した。監督の青木孝守や上回生の先輩たちは、驚くほど歓迎してくれた。

三原が「野球をプレーした経験はないんですけど、そんなんでも務まるんですか？」と尋ねると、青木は首をひねってこう返した。

「逆にデータを扱ううえで、なんのデメリットがあるの？」

三原に与えられたミッションは、新年度から新たに導入するラプソードの取り扱い。とりわけ投手陣のアナライズを求められた。「回転数」「回転軸」「回転効率」などのラプソードの指標は、三原が中高生時代に趣味として眺めていたMLBのデータサイトですでに知っていた。

「4回生はあまりいじらないで、2〜3回生のデータを計測して、いろいろと話してみて」

青木からそうリクエストされ、三原は週1〜2日のペースでグラウンドに顔を出すようになった。プレー経験のない、いわゆる〝野球ヲタク〟が大学野球部に入部した。

「体育会」の免疫などなかった。中高生時にも野球部員のクラスメートはいたが、灘の野球部員は目立つタイプではなく、野球部ならではの特殊性を感じたことはなかった。体育会に対するコンプレックスなどなく、三原は自身が「クソ陰キャ」と評されていることなど知らずに野球部の門をくぐったのだった。

大学野球の基礎知識も、ほとんどなかった。「京大がどのリーグで戦っているかも知らない」というありさま。だが、プレーする選手のレベルを観察して、三原は驚いた。

「京大生のフィジカルレベルは低いだろうと思っていたんですけど、140キロ級の球速を投げるピッチャーもいて、率直に『強っ!』と思いましたね」

2回生の大型右腕・池田唯央は、三原に対してフレンドリーに話しかけてくれた。だが、三原は池田を「怖い」とあからさまに恐れていた。

「池田さんはデータに興味を持っていて、いろいろと話しかけてくれるんですけど、尖《とが》っていて怖かったです。負けん気が強くて、理想も高いから、ブルペンで納得のいくボールがいかないと自分自身にイライラしてくる。そうなると、どう接していいかわからないんです」

とはいえ、いかにも体育会系の上下関係やノリに戸惑うことはなかった。成人してからは酒も飲むようになったが、意識の高い投手陣はトレーニングを最優先するためあまり飲まない。自堕落に深酒するのは自分だけだった。

アイドルという共通の趣味もあり、同期の手塚皓己と親しくなった。当初は「週1~2回でいい」と言われた練習への参加も、どんどん増えていく。三原はいつしか、野球部に対して「居心地がいいな」という感情を抱くようになっていた。

「分析しても意味ないやろ」

京大の野球部員というだけで、世間からは「頭脳派」と見られる。実際に、京大の野球部員は自分のプレーを論理的に語れる選手ばかりだ。だからこそ、三原のようなプレーヤー経験のない異端を受け入れ、歓迎する土壌があったのだろう。

ただし、なかには「データ」に対して嫌悪感を抱く者もいた。左投手の牧野斗威はラプソードで投球内容を分析する三原に対して、こんなことを考えていた。

「そんなん分析しても、感覚のほうが絶対ええに決まってるし」

牧野には自身のなかで描く理想があった。同じサウスポーである杉内俊哉《すぎうちとしや》（元ソフトバンクほか）のような、糸を引く美しい球筋のストレート。これが自分の目指すべき道だと確信していた。

だが、高校時代から牧野には悩みがあった。きれいな回転のストレートを目指しているというのに、ボールが微妙に動いてしまう。対右打者のインコースへのボールは小さくスライドし、

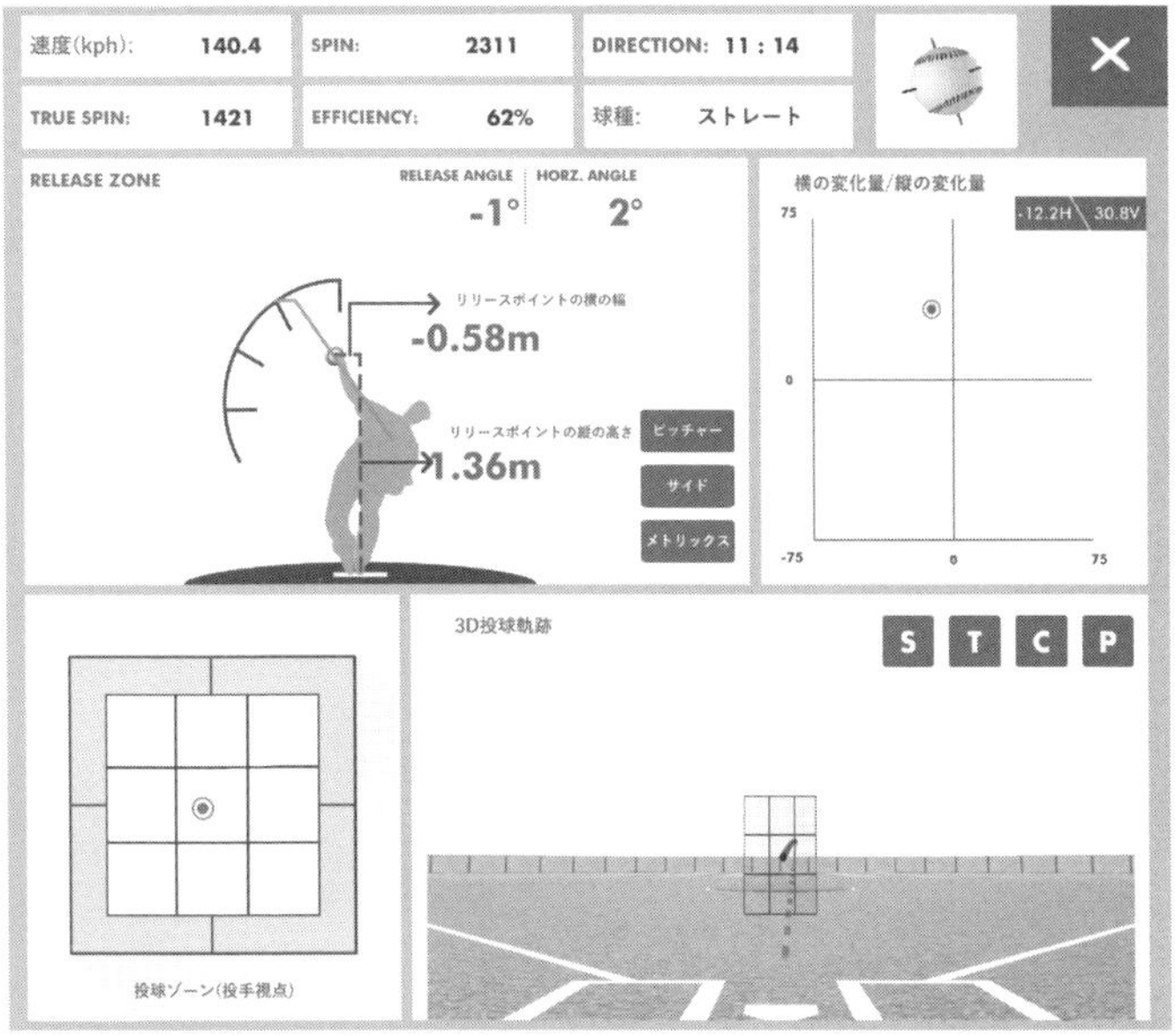

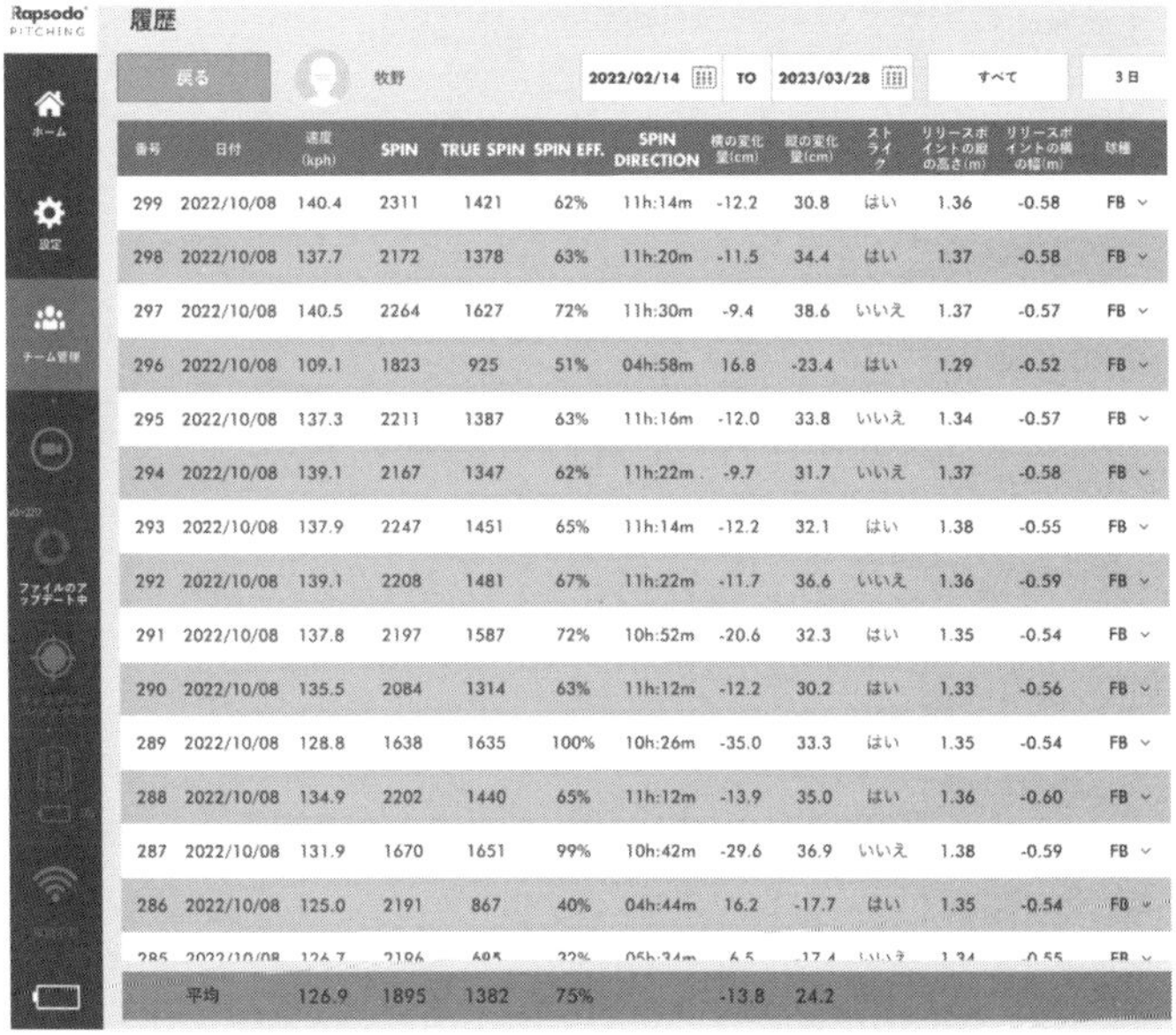

番号	日付	速度(kph)	SPIN	TRUE SPIN	SPIN EFF.	SPIN DIRECTION	横の変化量(cm)	縦の変化量(cm)	ストライク	リリースポイントの縦の高さ(m)	リリースポイントの横の幅(m)	球種
299	2022/10/08	140.4	2311	1421	62%	11h:14m	-12.2	30.8	はい	1.36	-0.58	FB
298	2022/10/08	137.7	2172	1378	63%	11h:20m	-11.5	34.4	はい	1.37	-0.58	FB
297	2022/10/08	140.5	2264	1627	72%	11h:30m	-9.4	38.6	いいえ	1.37	-0.57	FB
296	2022/10/08	109.1	1823	925	51%	04h:58m	16.8	-23.4	はい	1.29	-0.52	FB
295	2022/10/08	137.3	2211	1387	63%	11h:16m	-12.0	33.8	いいえ	1.34	-0.57	FB
294	2022/10/08	139.1	2167	1347	62%	11h:22m	-9.7	31.7	いいえ	1.37	-0.58	FB
293	2022/10/08	137.9	2247	1451	65%	11h:14m	-12.2	32.1	はい	1.38	-0.55	FB
292	2022/10/08	139.1	2208	1481	67%	11h:22m	-11.7	36.6	いいえ	1.36	-0.59	FB
291	2022/10/08	137.8	2197	1587	72%	10h:52m	-20.6	32.3	はい	1.35	-0.54	FB
290	2022/10/08	135.5	2084	1314	63%	11h:12m	-12.2	30.2	はい	1.33	-0.56	FB
289	2022/10/08	128.8	1638	1635	100%	10h:26m	-35.0	33.3	はい	1.35	-0.54	FB
288	2022/10/08	134.9	2202	1440	65%	11h:12m	-13.9	35.0	はい	1.36	-0.60	FB
287	2022/10/08	131.9	1670	1651	99%	10h:42m	-29.6	36.9	いいえ	1.38	-0.59	FB
286	2022/10/08	125.0	2191	867	40%	04h:44m	16.2	-17.7	はい	1.35	-0.54	FB
285	2022/10/08	126.7	2196	695	32%	05h:34m	6.5	-17.4	いいえ	1.34	-0.55	FB
	平均	126.9	1895	1382	75%		-13.8	24.2				

牧野のラプソード画面。

アウトコースへのボールは小さくシュートする。高校時代の捕手からは「捕りにくいから、はよ直せ」とクレームを受けていた。

ラプソードで計った回転効率を見ると、だいたい60~70パーセントと出た。牧野が目指すストレートを投げるには、100パーセントに近い回転効率でボールにきれいなバックスピンをかける必要がある。牧野は「回転効率を100パーセントに近づけたい」と考えていた。

だが、三原は牧野とは正反対の考えを口にした。

「そのままでいいよ。むしろ、この球質を生かした変化球の使い方を考えたほうがいい」

その考えは、牧野には理解できなかった。

「他人の意見より、自分の憧《あこが》れを優先すべきやな」

いくら三原が球質を褒めても、牧野は聞く耳を持たなかった。それは多くの部員が「よくも悪くもピッチャーらしい性格」と評する、マイペースでエゴイスティックな牧野らしい判断だったのかもしれない。先輩の池田は牧野に対して、こんな見方を示している。

「牧野は京大には珍しく生粋のピッチャーなんです。僕も高校2年までキャッチャーをやっていましたけど、京大に入ってくるピッチャーってだいたい他のポジションから回された選手が多いんです。だから牧野みたいな『ザ・ピッチャー』って存在は貴重ですよね。自由にやらせるのが一番だと感じていました」

そして、データ否定論者は首脳陣にもいた。あろうことか、投手陣の指導全権を預かる近田怜王である。三原が入部した当初、近田は「様子見」と距離を取っていた。

「『データだけの人間にわかるわけないやろ』という考えがありました。現役時代からデータを毛嫌いしていたこともあって、三原が入ってきた時に『野球はやってません。MLBを見てます』と言うのに、あまりピンときませんでした。体育会の経験もないので、最初は接し方も様子を見ながら気を遣っていました」

だが、1年間を通して三原を観察していくと、近田のなかでデータに対する偏見が払拭《ふっしょく》されていった。三原と頻繁にコミュニケーションを取っていた池田が、見違えて成長したからだ。

「京大生は数字が大好きだし、データに興味を持って取り組むと彼らの特性を生かせるのかもしれない。自分も三原の意見を聞いて、吸収しないといけないな」

冬場には三原を講師役として、1回生向けのラプソード講習を行った。ラプソードの数値をどのように解釈すればいいか、有効な球種の組み合わせは何があるか、MLBの投手はどんなデータを出しているか。三原は同期の1回生投手陣に向けて、詳しく解説した。講習終了後、三原に「めちゃくちゃ面白いね」と声をかけたのは徳田聡だった。

北野高校では牧野の1学年後輩だったが、先輩とは対照的に徳田はラプソードの数値に強い興味を示した。1年時は故障がちで測定する機会が限られ、三原と接することも少なかった。

高校時代は120キロ台中盤しか球速が出なかった徳田にとって、ラプソードは自分の能力を引き上げる有効な手段のように思えた。

一方で、三原の徳田に対する評価は決して低くなかった。

「コントロールは自分たちの代で一番いいピッチャーでしたし、真っすぐの質がよかったんです。縦に大きく変化するカーブもありましたし、『あとはフォーク系の落ちる球種がもう一つあるといいよね』という話をしていました」

講習会以降、ブルペンでラプソードを計測する日に、iPadをのぞき込む三原の傍らには絶えず徳田の姿があった。その姿を見るたびに、池田は「トクちゃん、人のデータを見て勉強してるんやな」と感心していた。

さらに、徳田は大学入学以降にトレーニング熱心な投手陣に触発され、本格的なフィジカル強化に着手した。球質とパワーに興味を持った徳田は、徐々に力をつけていくことになる。

大型右腕を開花させる〝三原マジック〟

2020年2月に実施されたキャンプ中、新エースの原健登がケガを負って離脱した。そのニュースを聞いた三原は「原さんがおらんかったら、終わりや」と嘆いた。

その言葉を聞いた新2回生外野手の出口諒は、「こいつ、こんな偉そうなこと言える立場になったんだな」と感じていた。日常的に三原と接する機会がある投手陣と異なり、野手陣にとって三原は相変わらず謎の多い人物だった。

前年の秋季リーグで初めて4位と躍進し、2020年は京大にとって「優勝」を本気で狙える戦力が揃っていた。とくに野手陣は首位打者を獲得した北野嘉一が主将になり、主軸の脇悠大、正捕手の長野高明、好守の遊撃手・藤井《ふじい》祐輔《ゆうすけ》と主力が残っていた。投手では前年秋に3勝を挙げた原がエースとなり、希望がふくらむシーズンだった。

春先に原が故障するアクシデントもあったが、それも些事《さじ》と思える激震が京大野球部を襲った。それが同年に発生したコロナ禍である。当初は8月に延期して1回戦総当たり方式で開催する予定だった春季リーグ戦は、結局中止に追い込まれた。秋季リーグ戦は従来の勝ち点（2戦先勝）制ではなく、2回戦総当たり、勝率を競う形で開催された。

国立大学である京大は私立大学の他5大学以上に規制が厳しかった。全体練習が再開されたのは、リーグ戦開幕の約1週間前。ほとんど実戦経験が積めないまま、開幕を迎えた。

京大は関大との開幕節を4対7、1対10と連敗。その後も勝ち星から遠ざかった。

3回生の脇は、やりきれなさと戦っていた。

「本来なら3回生って、選手として脂が乗ってくる時期ですから。コロナでリーグ戦が中止になったり、思うように練習ができなかったりしたのはショックでした。ずっと家で巣ごもり状態で、モチベーションをどこに持っていけばいいのかわからない。ただ、今まで『当たり前』と思ってきたことが、決して当たり前じゃなかったんだと思えたのは、プラスでした。一つひとつの練習の意味を考え直す、転換点にはなったと思います」

惨敗した試合後のミーティングであっても、主将の北野はファイティングポーズを崩すことなく、仲間たちに強い言葉を吐き続けた。脇は「北野さんのお陰で、『次も戦うんだ！』と思えました」と証言する。「4回生を勝たせたい」という思いは、前年となんら変わらなかった。

エースの原が思うような投球ができないなか、頭角を現したのは池田だった。立命館大との2回戦では8回まで1失点と好投。勝利まであとアウト一つという場面で逆転サヨナラ2ランを浴びたものの、着実な成長を見せつけた。

池田の進化の背景にいたのは、三原の存在だった。

「もともと真っすぐには自信があったんですけど、変化球がずっと課題だったのを三原に相談するなかで方向性が見えてきました」

ラプソードによると、池田のストレートの回転数は平均2400台と高水準だった。京大投手陣全体の平均は約2000回転だけに、池田の数値は突出している。その一方、池田は「変化球はどう投げても、同じような場所に点がついてしまうんです」と問題意識を持っていた。

ラプソードでは、投手の視点から見てボールがどのように変化したかが座標で示される。中学校の数学で習う関数の「x軸」と「y軸」を思い出してみてほしい。ラプソードで表示されるx軸（横線）はボールが左右に変化した量、y軸（縦線）は高低に変化した量を示す。

一般的に「ストレート」という球種は真っすぐに捕手に向かっていくように見えるが、厳密には「シュート成分」が強い投手が多い。つまり、右投手がラプソードで計測すると、ストレートは座標の右上に表示されることがほとんどだ。y軸の位置が高い投手は「ホップ成分」が強く、いわゆる「ボールの伸びがある」と評されるタイプである。

スライダー、カーブのように「ジャイロ（スライド）成分」が強く、ホームベースに向かって落ちる変化球は座標の左下に表示される。池田の場合は座標の右上にストレート、左下にスライダーとカーブがほぼ同じ位置にあったということだ。

短いイニングを投げるだけなら、少ない球種でもある程度は抑えられる。だが、先発として長いイニングを投げることを想定すると、もう一つ打者に意識させる変化球が必要だった。

三原はラプソードが示す座標を見ながら、「ストレートの下の位置にフォーク系の変化球がくるようになれば、バッターは打ちにくいはずです」とアドバイスを送っている。つまり、座標で言えば右下の位置にくるようなボールである。池田はフォークを投げてはラプソードで変化量をチェックし、三原の助言を仰いだ。イメージに近いフォークをマスターすると、面白いように結果が出た。

同志社大との2回戦では、4回まで1失点と好投。池田の打順で代打が送られた関係もあって勝ち星はつかなかったが、チームは5対2で初勝利を挙げた。最終的に京大は1勝9敗で最下位に沈んだものの、池田個人としては5試合に先発登板し、防御率3・95とまずまずの成績。

翌年に4回生として集大成を迎えるにあたり、上々の内容だった。

どうして、プレーヤー経験のない三原を信用できたのか。そう尋ねると、池田は満面の笑みでこう答えた。

「僕は『食べログ』が評価してるからといって、その店に食べにいこうとは思わないタイプなので。三原の見た目だけで『陰キャはいらん』と思う人もいたと思いますけど、僕はその人なりにすごいところが必ずあると思っています。実際に三原の話を聞いてみたら、『こいつ、めちゃくちゃすごいぞ』と思いましたし、どんどん聞くしかないと思いました」

池田の進化は、三原にとっても大きな手応《てごた》えとして残った。

「1回生の秋に先輩方が5勝してくださって、原さんをはじめ『こういうピッチングをしたら勝てる』と示してくれたのは大きかったです。学生野球のことを全然知らなかったのが、『このレベルまでいけば勝てるんだな』とわかったので」

なお、2020年秋のシーズンには2回生の手塚、牧野、徳田、さらには三国丘出身の村尾昂紀がリーグ戦デビューを飾っている。１９４センチの超大型右腕・水口創太は登板機会がなく、焦りを募らせた。その一方、水口にとって膳所高校の先輩で、同じく長身右腕の池田の成長は大きなヒントになっていた。

「池田さんとは身長も近いし、高校時代から見本として方向性を示してくださっていました。池田さんがリーグ戦で投げられるようになったのを見て、自分も勉強になりました」

その言葉通り、水口はやがてフォークを磨いて脚光を浴びる存在になる。

第4章

京大生はなぜケガが多いのか？

運命の捕手コンバート

２０２１年のシーズン、京大野球部の新主将には脇悠大が、副将には池田唯央が就いた。ともに膳所高校出身だが、年齢は一浪した池田のほうが上。脇は高校の先輩である池田に対して「池田さん」と敬称をつけている。

池田は2回生からセンターのレギュラーに定着していた愛澤祐亮を呼び出した。

「新チームからキャッチャーやらんか？」

不動の正捕手だった長野高明が引退し、次期レギュラーといえる捕手が見当たらなかった。そこで池田が目をつけたのは、身長１６９センチの小兵である愛澤だった。

「愛澤は肩が強いし、高校時代にピッチャー経験もあるので配球もできるはず。なによりも野球センスが最強クラスだったので、経験を積めば絶対キャッチャーはできると思いました」

打撃力に課題のあった愛澤に対して、池田は「キャッチャーになれば絶対試合に出られるから」と説き伏せた。「器用貧乏」を自認する愛澤だが、捕手経験はなかった。突然の無理難題に悩む一方で、「センターは自分の持ち味が生きるポジションではない」という思いもあった。

「僕はハンドリングとか『ボールを扱うセンスがいい』と言われることが多くて、あまりボールに触らない外野より自分を生かせるポジションがあるのではないかと思っていました」

下回生に対して気を配り、面倒見のいい池田への信頼感もあった。愛澤は熟慮の末に、捕手転向を決断する。池田に報告すると、「一緒にベストナイン獲《と》ろうや」と激励された。冬場はブルペンに入り浸り、キャッチングを一から勉強。池田の目論見《もくろみ》通り、愛澤は3回生になった春から正捕手のレギュラーを手中に収めるのだった。

京大生に故障者が多い理由

その一方で、本来ならエースになるべき存在だった池田は自身の異変を覚えていた。

「3月から首が痛くて、握力もなくなっていたんです」

最終的に池田は首のヘルニアだと診断される。だが、池田は「休んだら投げられなくなりそうで怖かった」と痛み止めの薬や注射を服用しながらプレーを続けた。握力が戻らないためフォークはすっぽ抜け、本来の持ち味だった回転数の多いストレートも変質していった。

アナリストの三原大知は池田のラプソードの数値を見て、首をかしげた。

「池田さんはチームで一番回転数の多い真っすぐが投げられていたのに、少しカット気味の球質に変わってしまったな……」

投手陣はほかにも状態を崩したり、故障で離脱したりする者が続出した。手塚皓己もその1

人である。手塚が状態を崩した要因は、コロナ禍にあった。

「2回生の春は、コロナで活動ができなくなるまでは状態がよかったんです。三原とも『春のリーグ戦で先発できるな』という話をしたくらいでした。でも、コロナが明けてブルペンで投げてみたら、ボールがいかなくなっていたんです」

三原の助言を仰ぐようになり、手塚は飛躍的に状態を高めていた。入学当初は「何言ってるのかわからん」と感じていた三原の言葉が、徐々に理解できるようになっていた。

手塚は身長191センチの長身右腕。ややぎこちない投球モーションで、シュート成分の強いストレートを投げていた。本人としては「変なフォーム」と感じていたが、コーチの近田怜王は「それがいいよ」と褒めてくれた。持ち球はストレート以外にスライダー、カーブ。そこへ「シンカー系の落ちる球があるといい」という三原の見立てで、フォークを磨いた。

ところが、全体練習が再開されて投げてみると、持ち味だったシュート質で球威のあるストレートが、カットボールのようにスライドするようになっていた。手塚は「ストレートが死んだ」と感じていた。

「もとに戻そうとしているうちに、投げ方がおかしくなって、肩を痛めてしまって。そこからはずっと悩んで、苦しんでいました」

三原の助言から浮上のきっかけをつかんだ徳田聡も、2回生の夏場に右ヒジを痛めた。秋のリーグ戦でリリーフとしてデビューをしたものの、痛みが限界に達して離脱する。右ヒジと前腕がスムーズに噛《か》み合わないため、最終的には出っ張っている骨を削る手術を受けた。投手として成長している実感があっただけに、徳田にとってはショックな出来事だった。

京大の選手は全体的に故障が多い。他の強豪大学より選手の基礎的な運動能力が低いからという要因もあれば、大学入学まで強度の高い練習をこなしてこなかったためケガへの耐性が低いという要因も考えられる。その一方、自身も「１回生の頃にトミー・ジョン手術寸前までいった」という牧野斗威はこんな自説を語った。

「こんなこと言うたらなんですけど、京大生は両親に愛された子が多いじゃないですか。温室でぬくぬく育ったヤツばかりなので、私立の大学と比べてケガへの耐性が弱いのかなと」

救世主は「日々を生きる」男

２０２１年の春季リーグもまた、京大野球部は対戦相手の前にコロナとの戦いを余儀なくされた。大学構内でコロナ感染者が出た影響もあり、大学側からは「春季リーグ戦への参加を自粛したほうがいい」と釘《くぎ》を刺された。主将の脇は主務の市岡宏樹《いちおかひろき》とともに、学校側との折衝に追われた。感染予防のためのガイドラインを作成し、何度も「これなら大丈夫ですか？」と確認を取り、4月18日にようやくリーグ開幕を迎えた。

だが、近大との開幕戦は5対13で大敗する。1回表に3得点を奪いながら、その直後に先発の池田が5点を奪われて勢いに乗れなかった。2番・二塁手で出場した脇は、3打数0安打。その結果以上に、自身のパフォーマンスに感覚のズレを感じていた。

「自分のプレーで引っ張りたかったけど、それ以外のことをやらざるを得なかった。自分のプレーにもっと力を注げるような状況だったらな……」

何度も挫《くじ》けそうになるたびに、脇は「先輩がつないでくれたから今があるんだ」と気を取り直した。先代主将だった北野嘉一、2年前にリーグ4位へと導いてくれた先々代主将の西拓樹。たとえ結果を残せなくても、自分も後輩たちに何かを残したい。その一心で戦った。

その後も緊急事態宣言が発出されるなど、京大はリーグ戦5試合を出場辞退する。5試合の敗戦と5試合の不戦敗。0勝10敗という無残な形で京大の2021年春は終わった。

秋になってもエース・池田の状態は戻らず、苦境は続いた。

そんなチームに救世主が現れる。2回生右腕の水江日々生《みずえひびき》である。身長172センチと上背はないものの、水江は安定した投球で秋から主戦格になっていた。

前年から助監督に昇格していた近田怜王は、水江の資質を高く評価していた。

「持っているものを扱いきれる。自分の球速、球種の性質を理解して再現できる。京大生では珍しい投手です」

水江は京都にある中高一貫の進学校である洛星で6年間を過ごし、一浪の末に京大に進学してきた。「日々生」という珍しい名前には、「毎日を大切に生きなさい」という両親のメッセージがこもっているという。

小学生時から投手一筋だった水江は、洛星中時代に中学軟式球界で実績を残す。2年秋には府大会で優勝し、3年夏は府大会ベスト4。コントロールに自信があり、水江は「中学ではそんなに負けた記憶がない」と明かすほど無双を誇っていた。

だが、高校では一転して壁に当たった。中学時代のチームメートのほとんどが高校で野球をやめ、厳しい練習を課されるなかで野球への情熱が冷めていった。

「高校では野球があまり好きではありませんでした。不思議なもので、嫌いやとうまくならへんのやなとわかりました」

水江はそう言うものの、高校1年の秋にはエースとして京都大会ベスト8に食い込み、21世紀枠の近畿地区の推薦校に選ばれている。当時は「部員わずか10人で文武両道を実践」と話題になった。センバツ切符は届かなかったものの、同年齢で隣県の滋賀でプレーしていた手塚は、「京都に水江っていういいピッチャーがいることは知っていました」と語る。

高校3年夏は京都大会初戦敗退に終わり、不完全燃焼の水江は「このままでは終われへんな」と大学で野球を続けようと決める。京大野球部に進んだ先輩が、口々に「大学野球がホントに楽しい」と語るところに興味を持った。現役では合格できなかったものの、「自分には何が足りなくて、何をすべきか？」と戦略を立てて一浪の末に法学部に合格する。

1年間のブランクを経ていざマウンドに上がってみると、水江はある異変を覚えた。

「ストレートが急に曲がりだしたんです。もともとカット質の強いタイプだったんですけど、もっとカットするようになって」

あまりにボールが動くため、「直したほうがいいかな」と考えた水江だったが、アナリストの三原から「その球質を維持してくれ」と言われた。水江は「えっ、これでいいんか？」と戸惑いつつも、カット成分の強いストレートの球質をキープした。その球質でもコントロールは損なわれていなかったため、助監督の近田もすぐに水江を起用してくれた。

1回生の秋季リーグ戦でデビューした水江は、4試合で計8イニングを投げて防御率0・00と鮮烈な活躍を見せる。同志社大との2回戦では好投した池田の後にリリーフ登板し、4回6奪三振1失点（自責点0）の好投で1回生にしてリーグ戦初勝利を挙げた。

「高校時代は金属バットで芯《しん》を多少外しても持っていかれていたのが、大学で木製バットになるとボールが動くほうが武器になるとわかりました」

2021年秋季リーグの開幕戦では、強敵の近大を相手に6回まで3失点とゲームメーク。

チームは終盤に競り勝ち、開幕戦勝利を飾った。さらに関西学院大戦では同年のドラフト会議で1位指名を受けていた黒原拓未《くろはらたくみ》（広島）と投げ合い、７回１失点の好投で勝利投手に。チームにシーズン２勝をもたらす、大きな要因になった。

秋季リーグ戦での成績は８試合に登板し、１勝３敗ながら防御率２・41はリーグ４位。水江は他大学のエースと比べても遜色《そんしょく》のない成績を収めたのだった。

なお、京大野球部には水江以外にも洛星出身者が多い。２回生の内野手である田村尚希《たむらなおき》は年齢的には水江より１歳下だが、現役合格のため水江と同期になった。さらに、水江と高校時代に同期だった安田侃《やすだなお》が二浪の末に京大に入学し、１回生に。つまり、安田は高校の後輩である田村の大学の後輩になるという「逆転現象」が起きたのだった。

スカウトを驚かせた「152キロ」

秋のリーグ戦では、「遅れてきた大物」も片鱗《へんりん》を見せた。194センチ右腕・水口創太がいよいよリーグ戦でデビューを飾ったのだ。

膳所高校時代の１学年先輩だった池田は、その成長を実感していた。

「高校時代からよくキャッチボールをしていたんですけど、ボールは速いけど『軽いな』とずっと感じていたんです。でも、大学で体が太くなって、ボールがグッと重くなってきました」

投手を分析する三原も、実は水口が3回生になるまでは「変化球ピッチャーに持っていこうか」と考えていた。大型投手ながら意外と変化球を器用に扱っていたため、「ストレートを見せ球にして、変化球で抑えるタイプになれる」と見ていたからだ。ところが、課題だったはずのストレートが、3回生になってから急激にグレードアップしていた。

高校時代は肩や腰を痛めるなど、故障が多かった。しかし、医学部人間健康科学科で理学療法を学んだことがプラスに出たと水口は証言する。

「大学では自分で練習量を決められるので、『これ以上やったらケガをする』ということが自分でジャッジできます。自分の体の重量を考えて練習量を決めています。人によってやるべき練習は違うので、個々人で考えることが大事だと思っています」

高校時代は130キロ台中盤だった球速が、10月3日の同志社大戦では自己最速となる152キロをマーク。視察に訪れたスカウト陣の度肝を抜いた。ただし、本人としては「(試合会場の)ほっともっとフィールド神戸《こうべ》のスピードガンは球速が出やすいので、そこまで出てないと思います」と懐疑的だ。それでも、京大の投手で過去最速だった田中英祐の148キロを4キロも更新した。

それ以来、水口の名前は「来年のドラフト候補」として知れ渡るようになる。メディアからの取材依頼も押し寄せた。ただし、「京大医学部」の肩書が一人歩きし、一部の野球ファンからは「医者と投手の二刀流を目指すの?」という誤解も招くことになった。

注目度が増すようになり、マウンドでの佇《たたず》まいも泰然としてきた。高校の1学年後輩だった手塚は、その成長ぶりに驚いた。

「高校時代はソウさん(水口)が打たれて交代する時に、『ごめん、手塚……』って弱々しい声で謝られて、先輩ながら『おい、もっと頑張れよ!』と思ってましたから」

水口は秋のリーグ戦でチーム最多の9試合に登板し、1勝1敗、防御率4・15の成績を残す。ただし、その類《たぐい》まれなポテンシャルは明らかにまだ底を見せていなかった。

面倒くさい気分屋サウスポー

「牧野を使ってください」

三原は助監督の近田にそう進言した。3回生になって、三原は記録員として試合中のベンチに入るようになっていた。

監督の青木孝守から投手運用に関して委任された近田には、投手起用の権限があった。近田は投手起用を考える際、アナリストとして投手の状態を見守る三原の意見を頻繁に求めた。三原の力量を認めていたからだ。

「3年間かけてラプソードのデータが蓄積されてきて、数字の根拠と合わせて自分の意見を言えるようになっていましたから」

2人は自然と会話する機会が増え、いつも行動をともにするようになっていた。近田が独身ということもあって、一部の部員の間では「2人はデキてるんじゃないか?」という噂もささやかれていた。

近田は三原の長所を引き出すために、ある方針を立てていた。

「まずは三原の言うことを1回は聞き入れて、やらせてみよう。こちらが考えを押しつけると、本人のモチベーションにも影響する。とにかく失敗を経験して、何が悪かったかをお互いにすり合わせていこう」

こうした近田の計らいもあって、三原は投手陣の状態について生き生きと進言するようになった。近田とやりとりを交わすうちに、三原は「将来こういう仕事に就くのもいいなぁ」と淡い願望を抱くようになる。

ただし、三原から牧野の起用を勧められるたびに、近田は苦笑せずにはいられなかった。野手陣からは「なんで牧野を使うんですか?」と詰め寄られていたからだ。

「ピッチングにムラがあってフォアボールの多い牧野を使うことで、試合が崩れてしまうことが野手陣はイヤで『使わないでください』と言われていました。でも、三原は『絶対に通用するボールがあるので、使ってください』と言うんです。投手を預かる身としては、『別のピッチャーを試したほうがチームのためになるんじゃないか？』と思ったんですけど」

三原は牧野のカット質のストレートと、空振りを奪えるスライダーを高く評価していた。今や2回生の水江がチームのエース格になったが、三原は「3回生で投手陣の柱になれるのは牧野だろう」と考えていた。好調時にはマウンドでふてぶてしい牧野の佇まいも、三原にとっては評価ポイントだった。

だが、牧野は思うような結果を残せずにいた。三原は牧野のメンタリティーに対して、言葉を選びながら評した。

「基本的には、めちゃくちゃいいヤツなんです。でも、よくも悪くも我が強い『ザ・ピッチャー』なので。気持ちが入ったり、切れたりとハッキリしていて、誰もがもどかしさを感じていたと思います。ピッチャーらしいと思ったら、意外とヘタレなところもあって。まあ、そこもかわいげがあるともいえるんですけど」

3回生になって正捕手になった愛澤も苦笑を浮かべながら、「もっとも扱いが難しい投手」として牧野の名前を挙げた。

「マウンドで強気を取り繕うわりに、腕が振れてないじゃん……みたいな場面が結構あって。

自分ではメンタルが強いと思ってるはずなんですけど、たぶんあまり強くないんですよ。そのあたり、正直言って『面倒くさいな』と思ってしまいますね」

牧野本人としては「ピンチになると『よっしゃ、やったるか！』と燃え上がるタイプです」と、メンタル面に関して強い自信を口にする。こうした自己評価と他者評価の溝を深めつつ、牧野の大学3年間は不完全燃焼のまま過ぎていった。

池田唯央、最後のマウンド

「今日はなんとか1イニング持ってくれよ……」

池田はそう念じながら、マウンドに上がっていた。首のヘルニアが回復に向かうことはなく、体調は一進一退を繰り返していた。投げられるかどうかは、その日になってみないとわからない。そんな状態で、池田は10月24日の関学大との最終戦に臨んでいた。

関学大に1対5とリードを許した7回裏、池田は3番手としてマウンドに立った。「これが最後だから」という思いで腕を振ると、わかさスタジアム京都のスピードガンに「145」という数字が出た。池田にとって自己最速の球速だった。

「なんで最後の公式戦でMAXを更新してるんや。意味わからんわ」

１イニングを抑えてベンチに戻ると、水江ら下回生がボロボロと涙を流しながら出迎えてくれた。池田は「やりきった思いはまったくないけど、少しは頑張ってきてよかったかな」と笑顔を見せた。だが、すぐさま助監督の近田から思いがけない提案を受けた。

「もう１イニングいけるか？」

近田に頼ってもらえた喜びを噛みしめながら、池田は８回裏のマウンドに向かった。だが、もう池田に力は残されていなかった。相変わらず握力は回復せず、フォークを投げればバックネットまで飛んでいくような大暴投になってしまう。池田はこの回４安打１四球を許し、１アウトも取れないままマウンドを降りた。

試合後、近田からは「最後にあんな終わらせ方をしてごめんな」と謝られた。

「池田ならと思って使ってしまった。でも、選手に情が移るとこうなるんだと思い知らされた」

体調が万全であれば、もっとチームに貢献できたのに。その無念さを押し殺し、池田は「最後に投げる場をつくってもらえてありがたかったです」と近田に感謝した。

２０２１年秋季リーグ戦のチーム成績は２勝７敗１引き分け。３季連続最下位に沈んだまま、京大野球部はシーズンを終えた。

新監督・近田怜王の決断

「近田さんは監督をすることを考えていますか?」

リーグ戦の試合会場へと向かう車中で青木から問われた近田は、「機会があれば、ゆくゆくはしたいと思っています」と答えた。

2020年の夏までボランティアで指導していた近田だったが、その力量と功績が認められて同年9月からJRの出向扱いで京大の助監督に就任していた。つまり、京大野球部の指導が近田の本職になったのだ。指導者としてのやりがいを感じていた近田は、いずれ監督としてオファーがもらえたら勝負してみたいという心境になっていた。

ただし、京大での監督就任は想定していなかった。自分は高卒の外様《とざま》であり、何よりも青木が精力的に指揮をとっていたからだ。青木は塾経営を引退し、監督業に専念していた。「死ぬ時はグラウンドで死にたい」と冗談めかして語ったこともある。

その会話を交わした翌日、再び車に同乗した近田は、青木からこう告げられた。

「近田さんがやる気であれば、思いきって替わりましょうか」

実は青木のなかでは「長くてもあと1年でやめよう」と決め、妻にも伝えていたのだった。

翌2022年のチームは能力の高い投手が多く、「打線次第ではいける」と青木はにらんでいた。いわば集大成のチームだったが、青木にはこんな思いもあった。

「2年前の秋に4位になって以来、コロナで思うように練習ができないシーズンが続いている。でも、このタイミングでトップが替わることで、また違った目が出るかもしれない」

11月18日、青木の意を汲《く》んで、近田は監督に就任する。31歳の青年監督の誕生だった。監督を退いた青木は総監督に就いている。

西日本最難関と言われる大学の監督が高卒、という奇妙な状況に近田は戸惑った。

「高卒でプロに進んだ選択に後悔はないんですけど、学歴コンプレックスは僕のなかにあると思います。京大生の語彙《ごい》力はすごいなと感じますし、彼らを教えていると『もう少し自分に学力があればな』と思うこともありますから」

新監督になった近田は、選手たちにこう宣言している。

「野球をやっている以上、優勝を目指していこう。オレはてっぺんを獲らない限り、価値を見《み》出《いだ》せないと思ってる。京大野球部の歴史を変えて、ともに喜びを味わおう」

コーチ就任当時、近田は京大生の根強い「私学コンプレックス」を感じていた。

「私学と自分たちは別世界」

「やっぱり関大は違うよな」

そんな弱音が口に出てしまう。思考力が高いがゆえに、厳しい現実に直面すると早々にあきらめてしまう。だが、近田はコーチ時代から「優勝するぞ」「勝つぞ」と選手たちに繰り返し伝え続けた。2019年の秋季リーグでは4位を経験し、選手たちのなかに「自分たちもいける」という思いが芽生え始めていた。

そして本気で優勝を狙いにいくにあたって近田は、まず三原にこう告げた。

「ピッチャーのことは、任せるわ」

三原は一瞬、何を言われているのかわからなかった。近田は野球経験のない三原に、投手コーチをやるように要請したのだ。

近田からすれば、何も突飛な発想というわけではなかった。三原が2回生になって以降の2年間は、基本的に近田と三原の二人三脚で投手を見てきた。監督になれば、今度は近田が野手の指導や評価もしなければならない。近田は「野手がおろそかにならないよう、自分は野手中心に指導しよう」と考えた。

そして、近田にはもう一つ狙いがあった。それは三原の進路に関することだ。

「三原は将来、プロ球団のアナライザー部門に就く希望を持っていました。野球未経験のスタッフが助言することに、抵抗があるプロもいるという話を聞いていました。たとえプレーはできなくても責任を持って選手に話す経験を積めば、三原がプロ球団に行けた時に苦労が減るんじゃないかと考えたんです」

近田自身、プロで華々しい実績を挙げられなかったとはいえ、現役生活の大半を投手として過ごしている。通常の感覚なら、「投手は自分が指導したい」と考えるものではないか。そう問うと、近田は苦笑しながらこう答えた。

「たしかに、助監督時代から引き続きピッチャーを指導したほうがラクというか、責任を持ってやれると思います。でも、せっかく三原という人材がいるなら、彼にピッチャーを任せて自分は野手にフォーカスしてみようと思ったんです」

プレー経験のない、いわゆる〝野球ヲタク〟が投手コーチになってしまった。

「三原がまた怒られてるで」

「おまえ、それ社会人がやったらすぐ干されんで?」

三原は早朝から近田に小言を言われていた。この日は近田が車を運転して三原をピックアップした後、オープン戦の試合会場に向かうことになっていた。ところが、近田が三原の住むアパートの前まで到着したというのに、三原の姿がない。近田が到着を告げるLINEを送信すると、部屋から三原が出てきた。近田はため息を吐いて、三原に告げた。

「普通、家の前で待ってるやろ。カバン持ちが社長出勤してどうすんねん」

この一件だけでなく、近田のなかで三原は「抜けてるヤツ」「やらかしキャラ」という認識があった。チームの集合時間に遅刻してくることも珍しくなく、コーチになったというのにユニホームを持ってこないなど、ありえないような忘れ物もある。そのたびに、近田は三原を厳しく叱責《しっせき》した。チーム内では「三原がまた怒られてるで」とお馴染《なじ》みの光景になっていた。

近田が監督として京大の野球部員に求めているものは、「準備」である。野球界のエリートコースを歩んできた近田のなかで、「強いチームは当たり前のことを当たり前にしている」という実感があったからだ。

「名物の練習メニューがあったからといって、それで甲子園に行けるわけではありません。日頃の生活から『当たり前』を積み重ねて、基盤にしているチームが、普段と同じようなプレーを試合で発揮して勝てるのだと思うんです」

京大野球部を指導するなかで、近田はこの点が京大生の伸びしろだと感じていた。

「京大生は自分にゆとりがない人が多いです。周りが見えていないので、道を歩いていてよく人とぶつかるし、挨拶《あいさつ》をしない。イレギュラーなことに対応できないんです。『必要なことだけしかやらない』という気質があるからか、テストも一夜漬けでやる子が多い印象です。瞬間的な集中力があるなど、強みは強みとして生かしたいですが、すべては『準備』に集約されると感じています」

近田は根っからのきれい好きでもある。常に部室は清潔さを保っておきたいと考える。部員に対しても「ゴミが落ちていたら、すぐに拾おう」と指導する。

「毎日見ていると、頭のなかが整理できていない部員が多い気がします。『自転車のカギがどこかにいってしまいました』と言う部員がいて、ポケットのなかにジャラジャラといろんなものが入ってる。そりゃあなくすだろうと。また、好きなことに対してはー生懸命なんですけど、自分の興味ないことは全然気がつかない。それでは、ランナーがベースを踏み忘れていても気づけないだろうなと。毎日掃除していると、細かいところで変化に気づけるんです」

こうした近田の性分もあり、三原は近田の目の届きそうな場所を日常的に掃除するようになった。「自分の身分は近田さんがいるから成り立っている」という危機感もあった。

近田は三原を叱ることも多かったが、力量はおおむね評価していた。

「おっちょこちょいなところもありますけど社交性もあって、彼の存在がチームのなかでクッション材になっています。やらかしがキャラクター性で相殺される感じですね」

近田から度重なる苦言を呈されても、三原が反発することはなかった。三原は9歳上の近田に対して、いつしか父親のような親しみを覚えていた。

「1〜2回生の頃は『元プロのやさしいお兄ちゃん』という感じだったんですけど、3回生以降は『父親みたい』と感じていました。どこかウチの父と似てるんですよね。きれい好きでしっかり者で、グチグチ言いながらも自分のために世話をしてくれる。手先が器用でいろんなものをつくってくれるのも一緒で。いろんなことで怒られましたけど、『自分が悪いな』としか思っていませんでした。近田さんからすれば腹が立ってしゃあなかったと思うんですけど、こちらとしてはさんざん甘えさせてもらっていた感覚ですね」

三原自身、野球部への愛着は入部時とは比べ物にならないほど増していた。近田の指名でコーチに就任する前から、三原はチームの主務を務めることが決まっていた。主務とは、チームの裏方の最高責任者である。メディア対応や連盟との連携など、その役割は多岐にわたる。三原と同じ経済学部で、1回生時には「アキバ系の匂いがする」と侮っていた出口諒は、その仕事ぶりを見直していた。

「あいつは自虐的に『無能』と言いますが、主務としてしっかり働いてくれています。むしろこちらがいらぬ仕事を増やしてしまったことも何度かありましたが、チームのためにいろいろと動いてくれました。体育会気質の環境でやってきてないので、平気で遅刻してくることもありますけど、こういった部分も含めて彼のよさなのかなと思います」

コーチとして、主務としてチームに尽くしながら、プロ野球チームのアナリストになるための〝就活〟をする。三原大知の大学野球最終学年が慌ただしく始まった。

異常なまでに監督の評価を気にする男

近田は投手を三原に任せ、野手陣を中心に指導することになった。幸い前主将だった脇が京大の大学院に進み、コーチとしてサポートしてくれることになった。脇のなかには「京大が恒常的に強いチームであり続けるために、強くなってきている流れを途切れさせたくない」という強い思いがあった。

新チームを結成した直後、近田は最初のAチームとBチームの組分けを発表した。Aチームは1軍、Bチームは2軍という位置づけ。「大学野球を勝つためには、守備が重要」と考える近田は、守備力の高いメンバーを中心にAチームに選んだ。ところが、Bチームに組み込まれた3回生外野手の梶川恭隆《かじかわやすたか》が「なんで僕がBなんですか!?」と食い下がってきた。

その後も梶川は何かにつけて「どうすればAに上がれますか?」「僕は何番目ですか?」と尋常ではないほど近田の評価を気にしてきた。それまでリーグ戦未出場だった梶川からすれば、「何がなんでも大学ラストシーズンに出たい」という熱い思いがあった。

梶川は愛知の旭丘《あさひがおか》高校から一浪を経て、京大に進学している。身長181センチ、体重79キロと均整の取れた右の強打者。入部当初は捕手だったが、梶川には致命的な弱点があった。送球イップスに苦しみ、投手への返球すらままならない状況だったのだ。

ブルペンでの投球練習中、梶川が投手に返したボールが大きく逸《そ》れ、ラプソード計測中の三原にぶつかることもあった。三原は痛みをこらえつつ、梶川を心配していた。

「目を離したこちらが悪かったので。梶川は繊細な性格やし、気にしないでほしいなと」

池田の誘いを受けて愛澤が捕手に転向したことは、梶川からすれば屈辱でしかなかった。自分の実力不足は重々理解していたが、周囲から「この学年は捕手がいない」という評価を受けているのだとまざまざと思い知らされた出来事だった。

その後、梶川は夏場に捕手に見切りをつけ、外野手に転向している。「クセのないスイングができる」と打撃力には自信があった。同期の山縣薫《やまがたかおる》が肉体改造で劇的にパフォーマンスを上げている姿に刺激を受け、トレーニング方法を教わった。一匹狼でストイックに練習に取り組む山縣は、梶川にとって「自分のやりたいことを貫く、芯のある男だ」と映った。

ほどなくして故障者が出たことから、梶川はAチームに昇格する。だが、その後も梶川は「どうしたら使ってもらえますか?」と近田を質問攻めにして、困惑させるのだった。

野球ツイッタラー、京大へ行く

その「臨時コーチ」は、京大投手陣に強烈な印象を植えつけた。

水口は「ネットの印象と違って、めちゃくちゃ褒めてくれて気持ちよく投げさせてくれるな」と意外性を感じ、徳田は「たった1~2球見ただけで、投球スタイルとか全部的確に見抜くんやな」と驚いた。誰も彼の本名は知らないが、存在は知っていた。

臨時コーチはインターネット上で「お股《また》ニキ」と呼ばれていた。

お股ニキとはハンドルネームで、その素性はヴェールに包まれている。2010年代からソーシャルネットワーキングサービス(SNS)のTwitterに登場し、NPBやMLBの野球評論をする人物だった。Twitterをきっかけにダルビッシュ有との交流が生まれ、インターネット界隈《かいわい》でどんどん有名になっていく。以降は「プロウト(「プロの素人」を意味する造語)」「ピッチングデザイナー」を自称するようになった。『セイバーメトリクスの落とし穴』(光文社新書)などの著書を多数刊行し、多くのプロ野球選手が参考にしている。

そのお股ニキが、投手を指導するために京大の野球場にやってきた。お股ニキを呼んだのは、三原である。お股ニキは三原と2015年頃からSNS上で交流を持っていたという。

「Twitterを見ていると『この人は野球をよく理解しているな』と感じるものや通じ合う部分が出てきますけど、三原くんは当時から際立っていました。それに、僕と彼は似てる属性が多いんです。野球が好きだけど、プレー経験がないこと。とりわけピッチャーが大好きなこと。サッカーのレアル・マドリードが好きで、乃木坂のファン。共通点が多くて、波長が合ったんです。高校生と知った時は驚きましたけど」

三原は灘高生だった頃、野球を見てはTwitterで自説を披瀝《ひれき》していた。三原もいわゆる「野球ツイッタラー」だったのだ。有象無象がうごめくインターネットの海で三原はお股ニキと出会い、大きな影響を受ける。

「最初は『自分の考えと一緒の人がいる』という根本的な部分で興味を持って、かなり前からお股さんとやりとりさせてもらうようになっていました。データとの接し方、プロウトという存在。いろんな部分で影響を受けました」

プレーヤー経験のない三原が体育会の野球部に臆《おく》することなく飛び込めた大きな要因として、お股ニキの存在があった。自分の分析力に自信を持ち、スター選手と対等な立場でやりとりをするお股ニキを見て、三原は「勇気をもらえました」と振り返る。

京大入学当初、三原がダルビッシュとSNS上でメッセージのやりとりをしていたのも、お股ニキとの関係からダルビッシュと知り合いになり、コンタクトを取る機会があったからだ。といっても、三原は「たまたま連絡を取ったことがあっただけで、頻繁にやりとりを交わせるような関係ではないです」と語る。

三原は近田に了解を得たうえで、お股ニキに「京大の投手陣を見てください」と依頼する。そしてもう1人、お股ニキと同様にツイッタラーとして有名な「rani」にも声をかけた。

ｒａｎｉは捕手のキャッチング技術に一家言を持ち、三原は厚い信頼を寄せていた。ｒａｎｉには愛澤ら捕手陣の指導を頼んでいた。

お股ニキはエースの水江から球速が１２０キロに満たないようなレベルの投手まで、全員のボールを分析した。なかでも強く印象に残ったのは、やはり水江と水口だった。

「水江くんはサイズがないけど、なんでもできる。ストレートもカットボールも質がいいし、コントロールがよくて才能がある。フィジカルがあればプロに行ける素材だと感じました。水口くんはとにかくサイズが大きかったのが印象的でした。フォーム的には粗削りで、『ソフトバンクに育成で入ったら面白いかも』と思いました」

お股ニキが投手を見るうえで、大切にしていることがある。それは「そのピッチャーにとってナチュラルなものを生かす」ということ。たとえばストレートのシュート成分が強い投手であれば、順回転に近づけようと考えるのではなく、「シュート質のストレートを軸にして他の球種を使っていけばいい」という考え方だ。つまり、この点でも三原と似通っている。

お股ニキはサウスポーの牧野の投球をチェックした。いつものように右打者のインコースに向かってスライドするストレートに首をひねる牧野だったが、お股ニキはこう言った。

「そのストレートで全然問題ないよ！」

思わぬ太鼓判を押され、牧野は「お股さんがそう言うなら、こっちのほうが活躍できるんやろうか？」と思い直した。三原の意見に耳を貸さず、あれほど「杉内みたいなバックスピンのストレートを投げたい」と考えていた牧野が、新たな扉を開けることになる。

愛澤もｒａｎｉからキャッチング技術を学び、目からウロコが落ちる思いがした。

「もともと誰かに教わったことがなくて、なんとなく『こんな感じかな？』と半信半疑でやっていたのが、ｒａｎｉさんから捕球理論を体系立てて教えていただいたことで根拠を持って捕れるようになりました」

愛澤はまず、ｒａｎｉからＭＬＢの捕手の捕球動作の動画を見せられた。そこにはｒａｎｉが考える「いい例」と「ダメな例」が収められていた。ｒａｎｉは具体例を示しながら、「ボールに対して下から入るように捕ることが大切」とポイントを説いた。

ボールを上から見ようとすると、ミットを上からかぶせるような捕り方になり、低めのボールに対してミットが落ちてしまう。だが、下からボールを見ようとすれば、ミットを下から上へと扱いやすくなる。いわゆる「フレーミング」がしやすくなる。

フレーミングとは、ストライクゾーンギリギリのコースにきたボールに対してミットを巧みに操作し、ストライクに見せる捕球技術のこと。一部では「球審の目を欺くことになる」という批判もあるが、ｒａｎｉの考えは違った。

「フレーミングはストライクをボールと言われないための技術」

そんなｒａｎｉの言葉に共感し、愛澤はフレーミング技術を磨くことを決意した。ｒａｎｉの丁寧なレクチャーはキャッチャーミットの選び方、使い方まで及んだ。

野球ツイッタラーの助言を受け、京大野球部は新たな一歩を踏み出した。

第5章

かたくなに関西弁を拒む主将の改革

強肩捕手・有馬諒への盗塁チャレンジ

「本当に行っちゃって、大丈夫かな……」

一塁走者の伊藤伶真《いとうりょうま》は逡巡《しゅんじゅん》していた。キャッチャーズボックスには、プロテクター姿の有馬《ありま》諒《りょう》の姿がある。近江《おうみ》高校時代からドラフト候補と騒がれ、何度も甲子園に出場したスター選手である。関西大に進学後も着実にレベルアップしており、3回生になった今では関西学生リーグを代表する強肩捕手として各校にマークされていた。

伊藤は京大ベンチにいる出口諒の顔をチラリと見た。出口の顔は「失敗してもいいから行け」と言っているように見えた。伊藤は腹を決めた。

「ここで自分が行かなかったら、次が行きにくくなる。思いきって行こう」

勝負するのは有馬ではない。伊藤はマウンドに立つ関大の先発右腕・鷲尾《わしお》昂哉《こうや》を凝視した。

「鷲尾のクイックが速くないのはわかってる。勝負するなら、こっちだ」

セットポジションに入った鷲尾が左足を上げた瞬間、伊藤はスタートを切った。足に特別な自信があるわけではないが、伊藤の足取りは軽かった。なにしろ前年の冬から綿密な走塁練習を積んで、準備してきたのだ。好スタートが功を奏し、伊藤は盗塁に成功。有馬の二塁への送球が逸《そ》れる間に、伊藤は三塁まで進んだ。

「よっしゃ！　これでいける！」

ベンチでは出口がガッツポーズをつくっていた。お世辞にも俊足とは言えない伊藤が、有馬の強肩をかいくぐって盗塁に成功した意味は大きい。

「これがハマらないとまずいなと思っていたので、めちゃくちゃ勇気をもらえました。チームのみんなも『伊藤でも盗塁できるんや！』と走塁への意識がガラッと変わったと思います」

2022年4月2日、わかさスタジアム京都での春季リーグ開幕戦だった。京大は初回から足でかき回し、チャンスをつかんだ。結果的に先取点は奪えなかったものの、伊藤が盗塁を決めたことでチームに勢いがついた。

2回表にエースの水江日々生が暴投で1点を失ったが、京大は4回裏に反撃する。先頭の3番・伊藤がこの日2本目のヒットで出塁すると、4番の山縣薫が四球。5番の青木《あおき》悠真《ゆうま》が送りバントで送って一死二、三塁とチャンスを広げた。

ここで6番の片岡太志《かたおかたいし》が、スクイズを敢行して成功。さらに7番打者として打席に入った出口が、一塁強襲のタイムリー内野安打を放って逆転に成功した。

関大は前年秋のリーグチャンピオンである。村山実《むらやまみのる》（元阪神）、山口高志《やまぐちたかし》（元阪急）ら伝説的な投手を輩出した伝統校。1980年代はスポーツ推薦制度がなかったため低迷した時期があったものの、現在は野球部に年間7人のスポーツ推薦枠がある。2014年から社会人の名門・日本生命の元監督である早瀬万豊《はやせかずとよ》が監督に就任し、2019年秋の明治神宮《めいじじんぐう》大会で準優勝と上昇気配があった。2022年も前年に優勝に貢献した野口智哉《のぐちともや》（オリックス）、久保田拓真《くぼたたくま》（パナソニック）ら一部メンバーは卒業したものの、有馬や主力投手の多くは残っていた。

プロでのコーチ時代に藤川球児《ふじかわきゅうじ》（元阪神ほか）らを育成した山口が、2016年からアドバイザリースタッフとして復帰。熱心に指導された投手陣は、リーグ屈指の陣容を誇った。

京大は2019年春季リーグの第1戦以降、関大から白星を挙げられずにいた。そんな強敵が相手でも、京大は臆《おく》することなく立ち向かった。

一塁ベースに立った出口は、次に自分がすべきプレーを自覚していた。大きな体を屈《かが》めてリードを取り、鷲尾の始動と同時にスタートを切る。50メートル走のタイムは手動のストップウォッチで5秒83。京大の誰よりも速く駆けてきた男は、軽やかに二塁へと滑り込んだ。

この日2個目の盗塁を決められ、関大監督の早瀬は勝手の違いを覚え始めていた。

「こちらにもスキがあったとはいえ、今までの京大にはない攻めだな」

この走塁は、出口がずっと温めてきた京大の新しい戦法だった。

絶対に関西弁を使わない新主将

京大の新チームが発足した際、幹部には、4回生の次のメンバーが就いていた。

主将　出口諒（栄光学園・外野手）
副将　愛澤祐亮（宇都宮・捕手）
副将　伊藤伶真（北野・内野手）
副将　田中陽樹《たなかはるき》（東筑《とうちく》・内野手）
主務　三原大知（灘・アナリスト）

新主将の出口は身長185センチ、体重82キロの大型外野手。どことなく山田哲人《やまだてつと》（ヤクルト）を彷彿《ほうふつ》とさせる顔つきで、その鋭い眼差《まなざ》しには強い意志を感じさせる。神奈川県出身ながら進学先に京大を選んだのも「同じ人間とつるんでも面白くないし、新しい人脈をつくりたいから」というバイタリティーを感じさせる理由だった。根っからのお笑い好きだが、大阪出身の同期・山縣からは「『俺は関西弁に染まらないぞ』と思っているのか、かたくなに標準語を使い続けてる」と冗談交じりに評されている。

中学、高校は中高一貫の進学校として知られる栄光学園に在学した。高校には硬式野球部がなく、軟式野球部しかない。それでも、出口に硬式野球へのコンプレックスはなかった。

「軟式といってもあと少しで全国大会に出られるような、それなりに強いチームでしたし、先輩の辻居《つじい》（新平《しんぺい》）さんが東大でキャプテンとして活躍していたので。『僕もいけるかな』と甘く考えていました」

体型だけなら大型スラッガーのように見えてしまう出口だが、一番の武器は足にあった。2021年秋季リーグでは代走で2盗塁をマークしている。そんな出口は主将に就任したキックオフミーティングで、こんな提案をしている。

「来年は走ろう！」

前年秋のリーグ戦、一塁ベースコーチを務めた出口にとって印象的なシーンがあった。

「最終節の関学戦で片岡に盗塁のサインが出て、2試合で2盗塁を決めたんです。片岡は足が速い選手ですけど、『意外と決まるんだな』と思ったんです」

そこで、出口は秋季リーグで京大が盗塁に成功したシーンをすべて動画でチェックしてみた。動画を見ながら、出口は「いけるんじゃないか？」と確信を深めた。

「盗塁がアウトになるかどうかは、ピッチャーのクイックモーションのタイムとキャッチャーの二塁送球からタッチまでのタイムの合算で決まります。関西学生リーグのレベルなら、ピッチャーのクイックタイムは1・2秒くらいで、キャッチャーの二塁送球は2秒程度。合算すると3・2秒くらいになります。でも、実際に盗塁シーンを調べてみたら、キャッチャーの二塁送球タイムがほとんど2秒を超えていたんです。プレッシャーのないイニング間の二塁送球なら2秒を切れても、実戦になるとタイムが全然違うんだなと。今年は足の速い選手が多いし、『足を使った野球をやってみたい』という思いが出てきたんです」

冬場は走塁練習に多くの時間を割いた。「スタート」「帰塁」「中間走」「スライディング」と走塁の要素を細分化し、それぞれ基礎的な動作を突き詰めた。3回生から外野のレギュラーに定着していた山縣は、「練習で成功と失敗を繰り返すなかで、少しずつ勘どころをつかめました」と証言する。

ただし、いくら走塁練習を積んでも、スタートを切るには勇気が必要だ。プロ野球の盗塁王であっても、相手投手のクイックモーションを徹底的に研究してクセを見つけ、安心感を持ってスタートを切りたがるもの。京大にも相手チームのクセを分析する「スカウティング班」というグループがある。だが、出口はそうした準備以上に大切なことがあると考えていた。

「みんな盗塁をしたことがないので、不安も大きかったと思うんです。だから、まずは『とりあえず行ってみよう』とチームに呼びかけました」

そして出口は付け加えるように、「まあ、気持ちですね」と言って笑った。日本最高峰の頭脳を誇る京大野球部だが、最後の最後に頼ったのは「精神論」だった。

筋肉を愛するミスター・ストイック

関大との開幕戦は水江の好投もあって、終盤まで京大が1点のリードを保っていた。8回表からは剛腕の水口創太がリリーフのマウンドへ。水口は二死二塁のピンチを迎えたものの、後続を断って関大を0点に抑えて京大の攻撃に入った。

先頭の代打・梶川恭隆が四球を選んで出塁すると、続く2番打者の3回生・小田雅貴《おだまさき》がこの日2本目となるヒットを放ってチャンスを広げる。当たっていた3番の伊藤が三振に倒れ、打順は4番の山縣へと回ってきた。

山縣は走攻守に能力が高い、アスリート型外野手である。打席に入った山縣は、この回から関大のマウンドに立っていた宮崎隼輔《みやざきしゅんすけ》が平常心を失っているように見えた。

「ランナーを気にしとるな。序盤からウチが走ってきたからこそ、ランナーを気にせずにはいられないやろな」

心理的に優位に立った山縣は、バットを一閃《いっせん》。打球はレフトの頭上を越える長打になった。2人のランナーがホームベースを踏み、京大にとって大きな2点が追加された。

この山縣の快打の背景にも、主将の出口の思惑があった。出口はチーム内に走塁への意識を植えつけると同時に、「速球対策」を指示していたからだ。

「昨年までのチームは『試合で見る球が一番速い』という状態でした。でも、キレのある変化球を打つより、真っすぐを打つのが一番簡単でもあるわけです。昨年の秋のデータを調べたら、昨秋の京大が打った長打は8本で、うち7本が真っすぐでした。得点効率を上げるには長打を増やすのが一番ですし、そのためには真っすぐを打てるようにしたほうがいいなと」

積極的に盗塁を仕掛けることで、必然的に相手バッテリーの配球は速球系に偏る。そこで甘いボールを見逃さずに長打にできれば、得点力が格段に上がる。出口の読み通りの形で、京大は4対1とリードを広げたのだった。

一方、二塁塁上の山縣は己の力を誇示するように、悠然と立っていた。山縣のなかでは「強豪私立とも十分に戦えている」という実感があった。

山縣は大阪トップクラスの公立進学校・天王寺高校の出身だ。高校までの自分について、山縣は「野球をやっていて、うれしい感情になったことがない」と明かす。たとえ努力しても、強豪私学の壁はあまりに高かった。そんな山縣にとって転機になったのは、母校を訪れた京大生から聞いたこんな言葉だった。

「大学野球はええぞ。甲子園球場でも試合ができるし、高校時代に甲子園に出たような選手とバチバチにやり合えるぞ」

山縣は「京大に行けば、『野球をやってよかった』と思えるかもしれん」と思い、京大を目指すことにした。現役受験では100点以上も点数が足りなかったが、一浪して猛勉強して工学部に合格した。当時の監督だった青木孝守から「いかに大学の4年間で私立との差を縮められるかや」と発破をかけられ、山縣は自分を変えようと一念発起する。

「スタンドで先輩たちの試合を見ていて、『京大は力負けしてる』と感じました。大学ではフィジカルがないと活躍できないと考えて、本格的に筋トレを始めました」

折しも2回生の春はコロナ禍で全体練習ができない時期だった。だが、山縣は「不謹慎ですけど、『1人やったら筋トレできるな』と思ってました」と逆境をプラスに変えた。高校時代に身長176センチ、体重65キロと華奢《きゃしゃ》だった肉体は、大学で177センチ、77キロまでビルドアップ。筋肉がつくと飛距離は伸び、肩は強くなり、足も速くなった。

山縣は孤高を愛する。「人と群れるのは弱さの象徴」と断じ、あえて1人で黙々とトレーニングに励んだ。そんな山縣は、チーム内で「ストイックなヤツ」と一目置かれるようになる。一方で思ったことをズケズケと言う性格でもあり、後輩からは「おっかない」と恐れられた。それでも、山縣が自分を曲げることはなかった。

「京大生は周りの目を気にしすぎなんですよ。そりゃあ人から好かれたほうが気持ちいいに決まってますけど、そればかり気にしてもしょうがないですから。それに、チームに対して厳しいことを言えば自分自身へのいいプレッシャーになります」

そんな一本気で職人気質の山縣だが、一方で恋愛面に関しては「彼女の尻《しり》に敷かれている」という意外なギャップがある。山縣はその理由を力説した。

「デートに行って買い物に連れ回されても、一切反抗しません。とりあえず荷物を持って、後ろをついていく。そりゃあ『まだ回んの？ 帰りたい』と思いますよ。でも、結果的に彼女の思うようにしたほうが、自分がラクなんです。それが仲良しの秘訣《ひけつ》じゃないですか」

絶望的なユニホームの着こなし

開幕戦は4対2で京大が関大を下した。関大監督の早瀬は、京大の進化を感じ取っていた。

「今までの京大は前半に競っていても、後半に勝手にミスして自滅してくれる試合が多かったんです。でも、近年はそれがなくなってきて、競った展開でも自滅しなくなった。ピッチャーも1枚だけでなく、2〜3枚はそれなりのレベルがいる。打線もこちらを徹底的に研究して、レベルアップしたなと感じます。やっかいなチームになったなという印象です」

京大はあと1勝を挙げれば、関大から勝ち点を獲得できる。三原大知は翌日の第2戦の先発投手に、牧野斗威の起用を決めた。

三原は近田から投手起用の権限を委任されていた。「三原は学生との距離が近いだけに、甘えや馴《な》れ合いが出るかもしれない」と危惧《きぐ》した近田によって、当初はその事実がチーム内で伏せられた。だが、そこは西日本屈指の頭脳を持つ京大生である。近田は「すぐバレたので、もうええかと公表しました」と苦笑する。

野球未経験者が投手起用の権限を握ることなど、前代未聞だろう。だが、意外にもチーム内で反発の声はなかった。野手陣を代表して、主将の出口はその心境をこう語る。

「近田さんこそチームで一番、本気で優勝を目指している人です。選手の考えを尊重しながら、本当に優勝するために考えてくれる。その近田さんが『三原に任せる』と言うなら、逆らう必要もないですから。三原の知識量は僕らの比にならないですし、あいつの存在は京大の大きな武器だと思います」

この春季リーグから、三原は背番号51をつけてベンチに入っていた。「ヘッドコーチ」という重責である。だが、三原はその重みをリアルなものとして受け止めていなかった。

「うーん、そういうの感じたほうがいいんでしょうけどねぇ……」

三原は野球の投手部門を見るのは好きだが、プレーすることにはまったく関心がない。むしろ「やっていて楽しくない」とまで言い切る。以前に近田から半ば強引にバットを持たされ、トスバッティングをしたことがあったが、「はよやめたい」と思っていたという。

近田に誘われて、キャッチボールをしたこともあった。キャッチボールは人と人のコミュニケーションのメタファーとして使われることもある。だが、元プロ野球投手とのキャッチボールであっても、三原にとっては「やれと言われたからやった」と感慨もなかった。

「野球をやっていて、高揚感とかまったくないんです。サッカーはやっていて楽しいけど、野球は向いてないんでしょうね。体を鍛えるのも興味がないですし」

そもそも野球のユニホームを身にまとったのも、人生で初めての経験だった。ソックスの上にストッキングを重ねるなど、野球特有のユニホームの着方からわからない。三原はシーズン前に試しに京大のユニホームを着てみることにした。

京大のユニホームはオフホワイト地の上下で、胸に「KYOTO」と縁取られたシンプルなデザインだ。帽子の色は濃青で、ロゴマークは「D」と「B」のアルファベットが組み合わされている。これは「ダークブルー（濃青）」の略で、京大のスクールカラーにちなんでいる。

姿見に自分のユニホーム姿を映し出した三原は、暗澹《あんたん》たる思いがした。絶望的に似合っていないような気がしたからだ。

いつしかコンタクトレンズを装着するようになり、先輩の池田唯央からは「動かないくせになんでメガネ外してん」とイジられた。体型は浪人明けだった大学入学時こそややふっくらしていたものの、その後はスリムになって身長178センチ、体重72キロ。太っているわけでもやせているわけでもなく、一般学生と遜色《そんしょく》ない体型に落ち着いていた。

「肩幅はそれなりにあっても、足が細いから弱々しく見えるのか……」

三原はそう悟った。新監督の近田怜王や山縣のように、筋肉質でユニホーム姿が映える人間がうらやましかった。三原は近田ら周囲に、「どうすればマシになりますか？」とアドバイスを聞いて回った。その結果、「ピッチリ着ないほうが体型をごまかせる」と気づいた。

三原を憂鬱《ゆううつ》にさせたのは、ユニホームだけではなかった。守備中にピンチの場面でマウンドに向かう役割を近田から引き継いだのだ。三原が抱える問題は、「マウンドでどんな話をすればいいか」という役割面ではなく、「走り方」にあった。

「小学生の頃から足が遅くて、フォームもどう走っていいかわからないんです。体育祭でも走る競技は絶対に逃げてましたから」

たしかに三原のランニングフォームは独特だった。両腕のヒジから先で円を描くように振り、足は内股《うちまた》で一歩一歩の歩幅が小さい。軽やかではあるのだが、推進力がまるで感じられないピッチ走法である。正捕手の愛澤祐亮は言う。

「どう考えても、野球をやってきてないヤツの走り方ですよね。か弱い女の子みたいにマウンドまで走ってくるので、こっちもなごむんです。でも、ときどき審判がタイムを取ってないのにフィールドに入ってくることがあって、『おいおい、早いよ！』と焦りました」

関大との2回戦も、京大は幸先のいいスタートを切った。1回表に四球を選んだ3番・伊藤が前日に続いて二盗に成功。４番・山縣のタイムリーヒットで先制点を奪った。

だが、関大も黙ってはいなかった。２回裏に先頭の有馬がヒットで出塁すると、流れは関大に傾く。二塁手・小田のタイムリーエラーも絡んで３点を奪われ、１対３と逆転された。

京大はこの日も盗塁作戦を決行する。チーム内で出口に次ぐ俊足である山縣が３盗塁を決め、出口も２試合連続で盗塁を決める。初回の伊藤と合わせて、チーム合計５盗塁の荒稼ぎだった。だが、関大の定本拓真《さだもとたくま》、清水一希《しみずかずき》、辰己晴野《たつみせいや》とつなぐ継投策の前に、京大打線は２得点に封じられる。２対４で敗れ、試合は月曜日の第３戦へともつれ込んだ。

「先発投手・愛澤祐亮」の衝撃

４月４日、試合前の関大ベンチに動揺が広がった。中１日でエースの水江が先発してくるだろうと見込んでいたのに、京大の先発投手欄に記入された名前は「愛澤祐亮」だった。

「愛澤ってキャッチャーやないんか？」

１回表のマウンドに立った愛澤は、流れるようなアンダースローからボールを投げ込んでいる。捕手は２回生で守備力の高い水野琳太郎《みずのりんたろう》が務めた。

地面に近い位置からリリースされる常時１２０キロ台後半のストレートは、打者からすると浮き上がって見える。また、本格派投手の多い関西学生リーグでは、珍しい球筋だった。

関大打線は先発・愛澤という奇策とアンダースロー特有の球筋に戸惑い、1番打者の岑《みね》幸之《こうの》祐《すけ》から2者続けて空振り三振。リーグを代表する強打者の3番・上神雄三《うえがみゆうぞう》もショートフライに倒れ、三者凡退で初回の攻撃を終えた。

愛澤の先発起用を決めたのは、三原だった。だが、三原は「奇策」とは考えていなかった。投手として愛澤が戦力になる根拠があったのだ。

「ピッチャーとして実力順で使ったら、ちょうどそこで先発となっただけです。たしかに情報を隠してはいましたが、奇をてらったわけではないです」

投手陣のコマが足りないというチーム事情もあった。中心投手として期待していた水口が、土曜日・日曜日しかチームに参加できなかったのだ。医学部人間健康科学科に在学する水口は、春から病院での実習が始まっていた。平日は朝から夕方まで、医療現場で理学療法士についてリハビリテーションの手伝いをしながら患者への接し方を学ぶ。リーグ戦が平日に開催された場合は、病院実習を優先せざるを得ない状況だったのだ。

投手としての愛澤の力量に、三原は以前から注目していた。2月の段階で近田に「愛澤をピッチャーでも使いたいんですけど」と伝えると、近田も賛成してくれた。近田も愛澤のアンダースローを「面白い」と見ていたのだ。

「1回生の時に、オープン戦で1回ピッチャーをして抑えたのを見ていたんです。コントロールがよくて、ボールを集められるのが魅力でした。アンダースローのピッチャーはリーグ内にいないですし、『使わないといもったいない』と感じていました」

当の愛澤本人からすると、大学入学時点で一度は投手への憧《あこが》れにフタをしていただけに、思いがけないチャンスに意気があがった。

「1年に1回くらい、夢を見るんです。公式戦のマウンドで自分が投げてる夢を。あぁ、今でも未練があるんだなぁと思いました。自分の同期にはポテンシャルが高いピッチャーが多くて、リーグ戦で投げられるのは数人しかいないので無理だとあきらめていたんです」

三原からは「カーブを投げてほしい」と求められた。アンダースローのカーブはオーバースローの曲がり落ちるような軌道とは違い、ゆるやかに浮き上がるような軌道を見せる。打者からするとタイミングが取りづらく、ポップフライを打ち上げやすい球質である。

愛澤はストレートにカーブを織り交ぜ、立ち上がりから快調に飛ばした。関大を相手に3回まで内野安打1本に抑えて無失点。愛澤は打っても2回裏にレフトへ二塁打を放ち、続く水野のタイムリー二塁打で先制のホームを踏んだ。

冷静すぎて怖い男

劣勢に回った関大だったが、チーム内で唯一、京大の奇襲に戸惑っていない男がいた。それは5番・捕手の有馬である。

「相手が誰であれ、自分にできることをするだけですから。相手によって自分を変えることはしないと決めていました」

4回表、二死無走者で打席に入った有馬は、ライトへ二塁打を放つ。結果的にこのチャンスでも関大は得点を奪えなかったが、有馬の実力を示すワンシーンだった。

いくら京大打線に足でかき回されようと、有馬に動揺はなかった。

「こんなにアウトにならないんだな、という印象はありましたけど、しっかりとスタートを切られていて、ベストボールを投げてもアウトにならない盗塁が多かったので。もちろん僕の実力不足もありますが、自分のベストを尽くしてアウトにできなければ仕方ないです」

監督の早瀬も「ほとんどがピッチャーの責任」と有馬をかばった。ディフェンスに定評があるプロ注目捕手であれば、「京大相手に盗塁を決められて屈辱的」という本音が漏れても不思議ではないように思える。だが、有馬にそんな感覚は皆無だった。

「もともと京大にはやりにくさを感じていました。対戦相手を研究してくるチームですし、賢い選手が多いですから。あとは周囲も自分たちも『京大相手なら勝てるだろう』という感覚になってしまうのも、やりにくさの一つです。関大が京大に勝ってきていたのも、ゆるみが出てしまう要因だったのかもしれませんが」

有馬という選手は、グラウンドに出れば余計な感情を一切排除する。怒り、焦り、揺らぎ、高ぶり、喜び。自分が結果を残すために、チームが勝利をつかむためには、一つのプレーで一喜一憂するのは無駄だと考えている。

早瀬も有馬を「試合の流れ、相手の攻め方をトータルで考えられるキャッチャー。周りだけでなく自分自身も冷静に見つめられます」と高く評価する。だが、アマチュア選手とは思えない俯瞰《ふかん》した視点からの有馬の話を聞けば聞くほど、「冷静すぎて怖い」という感情すら湧いてくる。有馬は「昔はこんなんじゃなかったんですよ」と笑いつつ、こう続けた。

「小中学生の頃は、もっと感情的にプレーするタイプでした。中学生の頃は典型的な反抗期で、試合中にふてくされた態度を取ったり、うまくいかないとすぐ怒ったりしていましたから。でも、高校生になってから『自分は感情を出してもうまくいくタイプじゃないな』と気づいたんです。周りにはうまい選手が何人もいましたし、もっと謙虚に取り組まないと勝てないと思ってから、今みたいなタイプになりました」

本能ではなく、思考力で勝負するタイプということを考えると、有馬はどちらかと言えば京大にいそうな選手と言えるかもしれない。

40年ぶりの勝ち点ゲット

4回まで無失点に抑えた愛澤は、内心「あと1イニングを抑えれば勝ち投手の権利が得られるな」と淡い希望を抱いていた。ところが、ベンチに戻ると三原から「ここまで」と告げられる。本人からすると「あと1〜2回はいけたのに」という未練もあったが、ほかならぬ三原の判断となれば仕方がないと受け止めた。

愛澤は三原に全幅の信頼を置いていた。野球の競技経験がないことも気にならなかった。

「ちょっと野球をかじったことがあって下手な人に何か言われたら、『やってみろよ』と言いたくなるかもしれません。でも、三原はプレー経験がまったくないので、逆にバイアスを取っ払って素直に話を聞けたんでしょうね」

ラプソードを駆使した三原の科学的な視点からは、学ぶことばかりだった。野球未経験だからこそ、三原には感覚や感情には頼らない客観的なリアリストの視点があった。そんな三原に「アンダースローいけるよ」と言われたからこそ、愛澤は自信を持てたのだ。

一方、三原はどのような基準で投手の替え時を探っているのだろうか。三原は「早め早めの継投」を基本線としているという。

「打たれて替えるのは別として、ピッチャーによって替え時の考え方を変えています。ウチで一番重要な場面で投げることが多いのは水江なので、とくに水江の疲労や『投げ切れているか？』はしっかり見ています。それ以外の場合はピッチャーとキャッチャーの両方に意見を聞いたうえで、替えることが多いですね」

正捕手を大事な3回戦の先発マウンドに上げ、勝利投手の権利がかかった直前で交代させる。三原にとっては根拠に基づいた起用であっても、野球界では「思い切った起用」と評される内容である。野球のプレー経験がない三原がそんな決断を下せるのも、高校時代に興じたトランプゲーム・ナポレオンと関連があるのではないか。そう尋ねると、三原は否定しなかった。

「ナポレオンも継投も駆け引きの要素は絶対にあるので。さまざまな要素を考えて、最終的に決断するところは似ています。そこが好きでナポレオンをやっていましたから」

愛澤は5回の守備からマスクをかぶり、マウンドには右ヒジの手術から復活した右腕の徳田聡が上がった。徳田は失策と四球が絡んで二死一、二塁とピンチを招いたものの、無失点に抑える。グラウンド整備を挟んで迎えた6回表からは、満を持してエースの水江が登板した。

水江は有馬にタイムリーヒットを浴びるなど7、8回に1点ずつ許したものの、最少失点に留《とど》めた。試合は3対2と1点差で8回裏の京大の攻撃を迎えた。

一死一、二塁のチャンスで、打席には8番の愛澤が入っていた。二塁走者の出口は、虎視《こし》眈々《たんたん》と盗塁の機会をうかがっていた。途中でリリーフのマウンドに上がった好左腕・辰己晴野にはあるデータがあった。

「辰己はホームに投げる時は、セットポジションに入ってからほぼセカンドを見ないクセがありました。セカンドを見た時は、二塁牽制《けんせい》が来るんです。辰己はチェンジアップがめちゃくちゃいいピッチャーで、有馬も狙いを外してくるので打って点を取るのは難しい。それなら、ギャンブルであっても盗塁を仕掛けたほうがチャンスはあると思いました」

出口はスルスルと、いつもより長めにリードを取った。辰己が二塁方向を見る気配はない。

「今だ！」と出口がスタートを切った次の瞬間、辰己は右足を上げてホームに向かって投球モーションに入った。完璧《かんぺき》なスタートで三塁を陥れ、京大のチャンスは広がった。この盗塁で、京大は有馬から3試合で10盗塁を決めたことになる。

一死一、三塁となって、愛澤はファーストゴロを放つ。ここでも好スタートを切った出口がクロスプレーの末にセーフとなり、京大が待望の追加点を手に入れた。

9回表の守備は水江が二死三塁とピンチを背負ったものの、最後は空振り三振でゲームセット。京大が関大から勝ち点を奪ったのは、1982年秋以来40年ぶりの出来事だった。

目標のリーグ優勝に向けて、京大は絶好の開幕スタートを決めた。

バラエティに富んだ投手王国・同志社大

1週間のインターバルを経て、4月16日から京大の次なる対戦相手は同志社大である。リーグ4連覇を果たした2011年秋を最後に優勝から遠ざかっているものの、日本生命で監督を務めたベテラン指導者・花野巧《はなのたくみ》が2020年12月に監督に就任して以降、勢いを取り戻しつつあった。おもなOBには田尾安志《たおやすし》(元中日ほか)、宮本慎也《みやもとしんや》(元ヤクルト)らがいる。

京大野球部OBの池田唯央は在学中のリーグ戦期間に、京都市内のサウナでたまたま遭遇した同大の野球部員らしき学生がこんな話をしていたのを聞いている。

「次は京大かぁ〜」

「楽勝っしょ!」

「ならこの後、飲み行ってもええんちゃう?」

この会話を耳にした池田は「くそっ!」と悔しい思いをしたものの、トラブルを避けるため自身が京大の野球部員であることは伏せたという。

だが、同大の野球部員がみな京大を侮っているかといえば、それは違う。同大の4回生である髙橋佑輔《たかはしゆうすけ》は語気を強めてこう語った。

「『京大に勝てて当たり前』なんて言ってる人は、野球がわかってない人ですよ。京大の試合内容を見れば、『いい野球をしてる』とすぐわかるはずです。近大が相手でも普通に勝つし、勢いに乗ると止まらないから一番イヤな打線です。ピッチャーも水江がいいし、1点取られるだけで『まずいな』という感覚になります」

髙橋は同大のエース右腕である。身長169センチと小柄ながら150キロ近いスピードがあり、チェンジアップを武器にする。プロスカウトも注目する好投手だ。

髙橋にとって京大は、3年前に苦い記憶がある。1回生だった髙橋は京大戦でリリーフ登板したものの、京大主将の西拓樹に逆転2ランを浴びている。侮れる相手ではなかった。

同大の選手の多くは、エリートとは程遠い。主将の青地《あおち》斗舞《とうま》は大阪桐蔭《とういん》で甲子園春夏連覇を経験したが、実績のある選手はほとんどいない。スポーツ推薦の枠は年間わずか2人だけ。監督の花野は「90パーセント以上の部員は勉強を頑張って入ってくる子ですよ」と明かす。実際にエースの髙橋は愛知の進学校・豊田《とよた》西《にし》から一浪の末に一般入試を受けて入っている。

2022年の同大には、髙橋を筆頭に好投手がひしめいていた。髙橋と同じ4回生なら最速147キロの本格派左腕の小倉悠史《おぐらゆうし》、前年秋にリーグのベストナインを受賞した右腕の東山玲士《ひがしやまれいじ》。そして3回生にも高いポテンシャルを秘める大型右腕の真野凜風《まのりんか》がいた。

そんな逸材たちも、エリートコースは歩んでいない。小倉は帰国子女のため高校は同志社国際に進み、強豪とは言えない環境でプレーした。東山は香川の名門進学校・丸亀《まるがめ》から指定校推薦での入学。真野に至っては野球の名門・天理《てんり》出身だが、真野自身は進学コースに在籍していたため軟式野球部でプレーした変わり種である。

こうしたバラエティに富んだ顔ぶれだが、京大の三原は「同志社がリーグで一番ピッチャーのレベルが高い」と警戒していた。そして、実際にその恐ろしさを体感することになる。

4月16日の1回戦では、髙橋が快刀乱麻の投球を見せる。決め球のチェンジアップが冴《さ》え渡り、立ち上がりから4者連続三振を奪うなど手がつけられない。

さらに、京大の機動力対策も万全だった。2回裏には片岡が、4回裏には3回生の青木悠真が盗塁を試みたものの強肩捕手の星加健杜《ほしかけんと》に刺されてアウトに。髙橋の鋭い牽制球の前にも、6回裏には小田が、7回裏には伊藤が刺されている。

牽制で刺された小田は「関大戦は警戒されなかったから走れたんちゃうか?」と落胆し、関大節で3盗塁を決めた山縣も「怖気《おじけ》づいてしまって、攻める気持ちを忘れてしまった」と語る。この試合以降、京大の機動力はやや影をひそめることになる。

一方の髙橋は、同期である星加への絶対的な信頼を口にした。

「コーチの川端《かわばた》（晃希《こうき》）さんの指導のもと、ひたすら練習していたので。星加がキャッチャーで盗塁が決まったことはほとんどなくて、走ってきたのは京大と関大くらいじゃないですか。『やることをやっていたら走られないだろう』と頭の片隅に入れる程度で、あとはバッターに集中していました」

高橋は9回を投げ切り、被安打4、奪三振15と圧巻の内容で京大を完封する。一方の京大も先発の水江が7回2失点と力投し、2番手の牧野も2回無失点と好投。接戦に持ち込んだものの、0対2で初戦を落とした。

近田の怒りを買った「バクチ」発言

2回戦は序盤から同大のワンサイドゲームが展開された。京大は6人の投手が計13安打を浴び、9失点。一方の同大は先発した小倉が5回無失点に抑えた後、東山も3回無失点と好投。最終回は2回生の高木《たかぎ》寛斗《ひろと》が完封リレーを締めくくった。

同大にとっては11年ぶりの優勝に向けて、開幕4連勝と最高のスタートになった。監督の花野は4回生の結束力を勝因に挙げる。

「今年の4回生はユニークな人間が多くて、面白いですよ。キャプテンの青地を中心に『なんとか優勝しよう』という思いが強い。たとえベンチ外のメンバーであっても、就職活動を早く終えてグラウンドに戻ってきて、『なんとか役に立ちたい』と練習を手伝ってくれた。そんな4回生が多かったので、団結したチームになりましたね」

一方、京大監督の近田は三原を呼び出し、ある注意をしている。

三原が2回戦の先発に選んだのは、2回生の西宇陽《にしうあきら》だった。大教大池田出身で身長168センチ、体重70キロと小柄な右腕である。メガネをかけ、オーソドックスな投球フォームで球速は120キロ台がほとんど。威圧感に乏しい投手に見えるが、三原は「ボールが動いて、球種が豊富で、制球も安定している。攻め方のバリエーションが多い」と評価していた。

だが、西宇は立ち上がりから同大打線につかまってしまう。1回裏に2点を奪われ、2回裏に二死一、二塁とピンチをつくったところで、三原は交代を決断した。

近田が「次はどのピッチャーにする？」と尋ねると、三原は「うーん」と悩んだ表情を見せた後、こう答えた。

「バクチですけど、村尾（昂紀）でいきます」

この言葉に近田は引っかかりを覚えた。投手起用を任せた人間として、三原の言葉が軽く聞こえたのだ。近田はのちに「起用する側が『バクチ』という表現を簡単に使うのはよくない。選手を起用する重みを感じながら、自信を持って選手を送り出せるようにしないとダメだろう」と三原に苦言を呈している。

三原としては、それまでの関大との3試合、同大との1試合で理想的な継投ができていた実感があった。5試合目にして初めて誤算が生じ、序盤でスクランブル態勢になった状況で「バクチ」という言葉が出てしまった。

「これ以上点を取られたら負けが濃厚になる場面でしたし、イニング途中で替えるリスクもあります。その時点では水江、牧野、水口の３人を軸で考えていましたけど、牧野と水口は１イニングを荒れながらまとめていくタイプ。ここで使うとしたら、負けん気が強くて空振りの取れるボールがある村尾だろうなと。そんな思いから『バクチ』と言ってしまったんですけど、村尾とも使う前からコミュニケーションが取りきれてなくて、ハマらず申し訳ないことをしました。自分にとってはいい教訓になった試合でした」

この同大節以降、京大は長いトンネルへと突入していく。

1イニング13失点の「雨の惨劇」

「もうウチのコールド負けでいいから、早くベンチに帰ってきてほしい……」

京大ベンチで近田は内心、そんな祈りにも似た思いを抱いていた。ほっともっとフィールド神戸に雨が降りしきるなか、近畿大の長い攻撃が続いていた。5回終了時点では2対3と接戦だったが、雨脚が強くなった6回表に近大の打線が爆発。この回だけで、スコアボードにはなんと「13」もの数字が刻まれた。近田は勝敗以前に、選手の体調が心配でならなかった。

「これ以上雨に濡《ぬ》れたら、選手が風邪をひいてしまう。これ以上選手がいなくなったら、チームが成り立たなくなってしまう」

同大戦で勝ち星を落とした後も、京大の苦境は続いていた。4月22日の金曜日に甲子園球場で行われた立命館大との1回戦は、1対2で惜敗。さらに雨天中止を挟んで4月30日の土曜日にあった近大との1回戦は0対6と完敗。連敗が4に伸びていた。

そして5月1日の日曜日に行われた近大との2回戦で「雨の惨劇」が繰り広げられた。試合開始時点で、主力と考えていた投手がほとんどいなかった。コロナ感染がチーム内に広まり、濃厚接触者を含め大量の離脱者が出たのだ。4回生では牧野、徳田、愛澤がベンチから外れ、エースの水江が孤軍奮闘せざるを得ない状況。その水江も前日に先発して96球を投げていたため、2回戦ではベンチメンバーから外れていた。

三原が先発に起用したのは、3回生の染川航大《そめかわこうだい》である。奈良の郡山《こおりやま》高校出身で、身長188センチ、体重85キロの大型右腕。最速143キロをマークする速球派である。三原は「近大にぶつけるには、染川しかいない」と考えた。

「近大打線は合わせるのがうまいので、まず球が速いピッチャーを先発させたいと考えていました。染川は水口以上に粗削りで未完成なピッチャーですけど、上背があって球速もいいものがある。ある程度、近大打線を差せるだろうと思いました」

染川は期待に応《こた》え、立ち上がりの2イニングを無失点に抑える。3回には3点を失ったものの、守備の乱れも絡んだ失点だった。4回からは西宇が登板し、同大戦の汚名返上とばかりに2回無失点に抑える。三原は「なんとか最低限、持ちこたえられたな」と安堵《あんど》した。

だが、6回表に入ると空模様が悪化の一途をたどった。3番手としてマウンドに上がった3回生の変則左腕・青木《あおき》健輔《けんすけ》は2安打3四死球と乱調で、わずか1アウトしか取れず降板。三原は4番手に4回生のサイドスロー右腕・今井駿介《いまいしゅんすけ》を送り出した。

三原は内心、「相性的に近大が得意なタイプだから、抑えるのは難しいかもしれない」と考えていた。だが、試合を成立させるには、もう今井しかいなかった。

三原が恐れていた通り、今井はアウトカウントを増やせないまま6安打、3四死球と乱れた。試合を続けていること自体が無謀に思えるほどのグラウンドコンディションだったが、関西学生リーグの規定で7回を終了しなければ試合が成立しない。つまり、この時点で球審が試合終了を告げれば、ノーゲームとなる。それでも、三原は「今井には悪いけど、これ以上ピッチャーを使うわけにはいかない」と今井に託した。

京大ベンチでは、フィールドに出ていない選手たちは軒下の雨に濡れない位置で座っていた。だが、近田も三原もベンチの最前線に立ち、ずぶ濡れになっていた。三原は「こんな状況で選手を戦わせている以上、中に入るわけにはいかない」と思っていた。

一方、近大ベンチでは監督の田中秀昌《たなかひでまさ》が葛藤《かっとう》を抱いていた。

「バントして向こうにアウトをあげようかな、という思いも一瞬よぎりましたが、アマチュア野球でアンフェアなことをしたらいかんなと思い直しました。そういう時に限って、ヒットが続いてしまうもので。もう、どうすることもできませんでした」

近大の2番・遊撃として出場していた3回生の坂下翔馬《さかしたしょうま》は、苛立《いらだ》ちを覚えながらも「まさかノーゲームになることはないやろ」と考えていた。

「ベンチのなかでも、『こういう時に限ってみんな打つよな』という話をしていました。でも、普通のチームなら確信を持って勝てると思いましたけど、京大は雨が強くなってから時間稼ぎなのか攻守交替で全然グラウンドに出てこないんですよ。こっちは『早く出てこいよ』と思ってたんですけど、そこは京大のうまさやなと感じていました」

一死二塁の場面で、1番打者の梶田蓮《かじたれん》が突如送りバントを決めた。リーグを代表するアベレージヒッターの梶田は、この日3安打を放っていた。もし雨天ノーゲームになってしまえば、3安打の記録も抹消されてしまう。犠打になればアウトカウントが一つ増えるうえに、打数にカウントされないため打率も下がらない。梶田にとっては苦肉の策だった。

続く坂下がセンターフライに倒れ、打者17人、投球数72球に及んだ長い攻撃が終わった。近大は2番手投手の準備を進めていたが、もはや試合を続けられる状態ではなかった。球審がノーゲームを宣言し、２対16の試合がなかったことにされてしまった。

思わぬ幸運にも京大サイドに笑顔はなかった。三原は言う。

「13点取られた事実はなくなるわけじゃないので。屈辱でしかなかったですし、グラウンドに立っていたメンバーには申し訳なかったです」

今井はマウンドを降りた後、ベンチに戻って涙を流した。今井にとっては、結果的にこれが大学野球のリーグ戦で投げた最後のマウンドになった。とてもではないが、三原は喜ぶ気分にはなれなかった。

第6章

「ソルジャー」近大への復讐

クセが強すぎるバットマン

雨天ノーゲームとなった近畿大との2回戦は、2週間以上先の5月18日の水曜日に組まれることになった。京大は中4日となる5月6日に立命館大との2回戦を迎えることになる。

だが、コロナ禍で戦列を離れていた牧野斗威、愛澤祐亮といった主力が復帰。どん底のチーム状況から脱しつつあった。そして、立命大戦で大爆発したのは、中軸の伊藤伶真である。

身長168センチ、体重76キロのずんぐりむっくりとした体格に、極太眉毛《まゆげ》のどことなく愛《あい》嬌《きょう》を感じさせる顔立ち。伊藤はチーム内で「イトゥー」の愛称で誰からも親しまれる、イジられキャラである。

立命大との2回戦で5番・三塁で先発出場した伊藤は、1打席目から安打を連発する。3打数3安打1四球と全打席出塁。京大が挙げた3得点にことごとく絡んだ。水江日々生の一世一代の快投もあり、京大は3対0と立命大を完封。連敗を4でストップした。

伊藤は変人揃いの京大野球部にあって、さらに異彩を放つ人物である。北野高校からの同級生である徳田聡は、伊藤についてこう評する。

「私服のセンスが変わっていて、1回生の頃にはジーンズにトレーニングシューズを合わせて履いてきたほどでした」

ユニホームの着こなしも、独特な感性が際立った。パンツ裾《すそ》をヒザ下まで上げてはく選手がほとんどのなか、伊藤だけはスネ付近まで下げてはく。ロングパンツ型でもないのに裾を下げているため、伊藤が動くたびに裾がブカブカと波打つ。美的感覚は人それぞれながら、見る人によっては「不格好」と映る着こなしだろう。ただし、伊藤のなかでは「ふくらはぎをケガしたことがあって、裾を下げてるほうが圧迫が少ないので」という正当な理由がある。審判から試合中に「だらしないから裾を上げなさい」と怒られるのが悩みの種だった。

打席に入っても、伊藤の感性はいかんなく発揮される。構えに入る前、伊藤は両手にバットを持った状態で、猛烈な勢いで骨盤をグイッと回して投手方向に向ける。伊藤が打席に入ると必ずこのアクションを起こすため、関西学生リーグの対戦チームは「また始まった」と見ている。だが、伊藤にとってはこの行為も大真面目なルーティンなのだ。

「自分のなかで使う筋肉を意識しています。太ももも後ろの筋肉で打ちたいのと、僕の体は硬いので、先に『ここまで動かしてスイングするんだよ』と体に意識づけしているんです」

バットスイングも独特のクセがある。バットのヘッド部分を投手方向に極端に入れてからトップに入る、アクションの大きなスイング。徳田が「全然うまそうに見えない、変な打ち方」と評するように、再現性の低いスイングにも見える。

だが、実際には伊藤はチームトップクラスのアベレージヒッターなのだ。伊藤はこともなげに「高校時代からこの打ち方です」と明かし、その打撃理論を開陳する。

「『トップをしっかりとつくりたい』という考えが根底にあります。最初からトップを固定していると、『静』から『動』に移る時に変な動きになる感覚がありました。そこで『動』から『静』を経て『動』に動き出してみたところ、メリハリができてトップが自然に定まりました。ロスが大きい動きに見られることも多いんですけど、僕のなかでロスはないです」

周囲からは「クセがありすぎ」と評されるが、本人は「そこまで感じたことがない」とどこ吹く風だ。内野守備も伊藤にしかない感覚があり、先代のレギュラー三塁手であるOBの脇悠大は苦笑交じりにこう証言する。

「普通のサードだと左足を引いてゴロを捕るはずなんですけど、伊藤の場合は右足を引いて捕っていたので『それ、変ちゃう?』とアドバイスしたんです。左足を引いてインフィールドに体が向いたほうが捕りやすいし、次の送球動作にも移りやすいはずなので。でも、伊藤はどうしても、それがしっくりこなくて。僕も『人それぞれの感覚があるんだな』と気がついて、それからは伊藤のよさを消さないために細かいことは言わないようになりました」

そうした周囲の配慮を伊藤はどこまで感じているのか、「クリーンアップを打つようになってから意見しづらくなったのか、誰からもアドバイスをもらえなくなりました」と語る。

野球部員が公認会計士になる方法

野球では天才的な感覚を発揮する伊藤だが、学業面は完全な秀才型である。大学3回生にして、公認会計士の資格試験に合格しているのだ。公認会計士の難易度は極めて高く、弁護士、医師とともに「三大資格」と呼ばれている。

父は製薬会社勤務、母は薬剤師という両親のもとで育った伊藤は、もともと理系科目が得意な高校生だった。京大受験時には「経済学部に入りたい」という意思を持っていたが、経済学部（理系）の入試科目には得意の理科（物理、化学、生物、地学）がなかった。そこで理科2科目が入試科目になる総合人間学部（理系）を受験し、現役合格を果たした。だが、いざ京大に通い始めると、伊藤は「あまり学べている感じがない」と歯応《はごた》えを感じられなかった。

そこで2回生の夏から、伊藤は公認会計士を志す。1日の勉強時間を入力するアプリをダウンロードし、ほぼ1年間休みなしで勉強漬けの日々を送った。

「公認会計士の勉強は最低でも2500時間必要と聞いたんですけど、自分の場合は1年1カ月、1日平均5・5～6時間勉強して、計2200時間でした」

公認会計士の勉強をしつつ大学の授業を受け、野球部の活動と両立させる生活は困難を極めた。とくに野球の自主練習時間は減らさざるを得ない。だが、伊藤は「それがむしろよかった」と振り返る。

「練習時間が減ったことで、いろいろと考えて練習できるようになりました。時間があると、どうしても数をこなすことが目的になってしまうので」

そして、それは公認会計士の勉強でも同じことだったと伊藤は続ける。

「毎日やるべきことをタスク化して、勉強できていました。時間目標はあっても、時間に執着はしません。Ｔｗｉｔｔｅｒで公認会計士の勉強をしてる人のアカウントを覗《のぞ》くと、勉強時間に執着してる人が多いように感じました。でも、そういう人は勉強したことに満足してるのかなと。自分の場合は時間が取れない分、いかに『その日にやるべきこと』を意識してやらないといけないかと考えていました」

３回生の春季リーグ戦期間には日曜日に公式戦と試験が重なり、１試合欠場した。その時も土曜日の試合が終わると帰宅して試験勉強をし、日曜日に受験。月曜日のリーグ戦が雨天順延、火曜日に試合に臨むという、目まぐるしい日々を過ごした。それでも伊藤は「切り替えはできていて、不思議と結果は出ていました」と語る。

伊藤を支えていたものは、「やるからには、どっちもやらないと」というプライドだった。勉強を失敗すれば「野球のせい」、野球で結果が出なければ「勉強のせい」と、どちらかのせいにしたくなるのが人情だろう。だが、伊藤は「それをしたら終わり」と断ずる。

京大受験時も、高校3年夏の模試ではE判定だった。「どうすれば合格できるか？」と計画を立てて勉強し、11月の模試ではB判定と成果を挙げている。

「高校時代に京大アメフト部の話を聞いたことがあったんです。『アメフトは理想と現実を埋めていく作業だ』って。これは野球も勉強も一緒やなと思いました。見なアカン現実は受け止めつつ、理想をかなえるためにギャップを埋めていく。受験は全部の科目を得意にする必要はなくて、得意な科目を一つつくって、あとはギリギリの点数を取れれば受かるので。そのために自分が今どんな位置にいるかを知るのは必要やと思います」

公認会計士合格というわかりやすい結果が出たことで、伊藤は自分の取り組みにますます自信をつけた。「理想と現実」を埋める作業は、野球でも続いている。

「みんな『理想のスイングをする』ことを理想にしがちなんですけど、僕はそっちじゃなくて『ヒットを打つこと』が理想だと思うんです。ヒットを打つために、何が必要かを埋めていくことが大切だと考えています」

立命大との試合をきっかけに、伊藤のバットは打ち出の小槌《こづち》のごとく安打を量産していく。

名門大学アナリストの孤独

京大・水江の左打者のインコースに食い込むカットボールに、次々と内野ゴロに打ち取られる立命大の打者たち。南港中央野球場のバックネット裏で戦況を見守る田原鷹優《たはらけいゆう》は歯がゆさを押し殺しながら、「試合前に強調しておけばよかった」と後悔した。

田原は立命大のアナリストを務める4回生である。立命大の野球部には8人のアナリストが在籍し、田原はリーダー的な存在だった。

田原は京大の水江を分析するなかで「インコースへのカットボールを捨てるべき」と判断した。4月22日の京大との1回戦の前には、チームの左打者陣に向けてこう提案している。

「真ん中から外だけを打とう」

スポーツメンタルトレーニングを学んだ田原は、「選手に『これはダメ』と伝えると、むしろ頭に残ってダメと言われたことをやってしまう」という知識があった。左打者の意識を真ん中から外に向けることで、自然とインコースのカットボールを捨てさせる作戦だった。結果的にこの試合では制球のいい水江に5回まで107球を投げさせ、6四球を奪った。試合は2対1で立命大が勝利を収めている。

だが、京大との2回戦は5月6日と2週間も間が空いていた。原則としてミーティングは1

回戦の試合前日にする慣例になっており、水江のカットボールへの対策が徹底できなかった。結果、立命大の左打者は水江のカットボールに次々に詰まらされ、凡打を重ねていた。

悪くなっていく戦況を見つめながら、田原は無力感に苛《さいな》まれていた。「チームの輪のなかに入れていない」という思いは、データ分析班を立ち上げた当時から変わらずあった。

立命大の野球部は２０２３年で創部１００周年を迎える。文武両道の校風から長らくスポーツ推薦を廃止した時期もあり、のちに国民的大捕手になったＯＢの古田敦也《ふるたあつや》（元ヤクルト）は一般入試で入学している。現在はスポーツ推薦制度が復活し、野球部は年間９名の枠がある。監督を務める後藤昇《ごとうのぼる》は、「関関同立（関西大、関西学院大、同志社大、立命館大の略）でもっとも体育会の部活動の強化に理解があります」と語る。大学選手権に18回出場し、準優勝３回という実績があり、関西学生リーグの常勝軍団・近畿大に対抗する存在になっている。

その名門野球部にデータ分析班ができたのは、２０２０年のことだった。立ち上げメンバーだったのが、当時２回生にして選手からアナリストに転身したばかりの田原だった。

田原は埼玉の中高一貫校である開智未来《かいちみらい》から一浪を経て、立命大に進学した。第一志望は筑波大だったが、模試でＡ判定を受けながらあえなく不合格に。「自分を落としたことを後悔させてやる」と反骨心を燃やし、立命館の門を叩《たた》いた。だが、野球部に入部して初日の打撃練習で田原は強いショックを受ける。自分の隣のケージで打ち込む左打者が、今まで見たこともない強烈な打球を放っていたからだ。名門・履正社から入学した白瀧恵汰《しらたきけいた》だった。

1年間は選手としてプレーを続けたが、故障もあって引退を決意する。「一般生の自分を受け入れてくれたチームに貢献したい」という思いから、アナリストを買って出る。そして同年に1学年上の学生コーチらと3人でデータ分析班を立ち上げた。

だが、データ分析班はチームに歓迎されたわけではなかった。田原がミーティングで対策を話しても、指導者や選手の反応は薄い。田原は「チーム内に『本当にデータなんか必要あるの？』という冷めた空気を感じた」と振り返る。

3回生の正捕手・星子海勢《ほしこかいせい》は、名門大学特有の空気感を苦笑交じりに説明する。

「悪い意味で自分の感性、感覚を大事にしてる選手が多い気がします。名門高校出身の選手が多く、自分に自信があって『自分でどうにかしよう』という風潮を感じます。もちろん自分に自信を持つことは悪いことではないですけど、チームとして徹底すべきことはありますから」

野球部は閉鎖的な世界である。すべての野球部がそうとは言わないが、プレーヤー至上主義の空気感があり、プレーヤー以外の部員がチームの中枢にかかわることは難しい。田原も「選手ではない」と人に伝えると、いつも「マネージャー？」という反応を受けてきた。それでも、田原は「いつか『アナリストやってるの？』と言われる時代が来てほしい」と願っている。

京大に三原大知というアナリストがいることも、田原は知っていた。だが、三原に対してライバル心があるのかと聞いても、田原は苦笑を浮かべながら「失礼ながら、ほとんど気にしたことはないです」と否定する。対戦相手や自チームの選手を分析する田原と、自チームの投手陣を分析する三原。それぞれに役割が微妙に異なり、直接対決する感覚が薄いためだ。

ただし、田原は不敵な笑みを浮かべてこう言い放った。

「三原くんには悪いけど、僕が京大のアナリストだったら、もっとできると思いますよ」

その言葉には、強烈な自尊心が滲《にじ》んだ。田原は体力測定やパフォーマンス面のすべての数値をプログラム化して、4年間かけて選手を育成すれば「もっと戦えるチームにできる」と考えている。京大の選手には、立命大の選手以上に建設的な提案を聞く耳があると感じていた。田原は「知らず知らずのうちに、チームの形として京大がうらやましいと感じていたのかもしれませんね」と打ち明ける。

データ分析班が熱心にレクチャーしても、リアクションの薄い立命大の選手たち。田原は業を煮やしながらも、「どうすれば選手に伝わるデータが提供できるか?」と試行錯誤を重ねた。そんなデータ分析班を信用してくれたのが、正捕手の星子だった。

捕手担当のアナリスト・三嶋大貴《みしまだいき》と積極的にコミュニケーションを取り、星子は貪欲《どんよく》にデータを求めてくれた。「安心して相手と戦うための材料」と星子はデータの重要性を語る。田原にとっても星子は「ピッチャーとの信頼関係を築いて、データを理解したリードをしてくれる」と頼もしい存在だった。

だが、その星子も京大との1回戦でクロスプレーの際に負傷し、戦列を離れていた。勝負所で京大打線に痛打を浴びるバッテリーを見て、田原は「星子が欠場する分のケアができなかったのは、自分たちの責任だ」と自分を責めた。

得体の知れない京大打線

5月10日、2回戦から中3日を空けて京大と立命大の3回戦が南港中央野球場で行われた。先発投手は京大が2回戦で完封勝利を挙げた水江、立命大は2回生の長屋《ながや》竣大《しゅんた》である。長屋は浜松開誠館《はままつかいせいかん》出身で、将来を嘱望されるホープである。身長174センチと上背はないものの、重力に逆らうような球質で最速152キロをマークする速球派右腕だ。この春は好調をキープし、初登板だった近大戦は6回無失点。2回目の登板だった関学戦は8回無失点。とくに関学戦は被安打2、奪三振11の快刀乱麻だった。

そんな長屋も、京大打線に苦手意識を持っていた。2回戦でリリーフ登板し、2回2失点で敗戦投手になっている。

「他大のバッターはどの球種を張っているのか雰囲気でわかるんですけど、京大のバッターはわからないんです。とんでもない空振りもあれば、いいボールにドンピシャで合わせてくることもある。打たれそうにないバッターに打たれて、『あれ？』と思うこともあって。得体の知れない、イヤな感じがありましたね」

この日の長屋は、４回二死まで京大打線を打者11人でパーフェクトに抑える。だが、３番の伊藤に三塁強襲の内野安打を打たれてから、状況が一変する。４番の山縣薫にライト前ヒットでつながれ、５番の３回生・青木悠真にはレフトオーバーの２点タイムリーを浴びる。２回に愛澤祐亮のエラーで先制していた立命大だったが、ここで逆転を許している。

この場面をアナリストの田原は、臍《ほぞ》を噬《か》む思いで見守っていた。

伊藤に打たれるのは想定内。なにしろ田原は「近大の梶田蓮、坂下翔馬と同じくらい、リーグトップクラスの打者」と評するほど伊藤を警戒していたのだ。だが、５番の青木に対しては「インコースが苦手という弱点がはっきりしていたので、まったく警戒していなかった」という。そんな「安パイ」と見ていた青木に、外角のボールを打たれてしまったのだ。

青木は三重の公立進学校・四日市《よっかいち》高校から一浪して京大に進学している。四日市高校は１９５５年に全国制覇を成し遂げた古豪で、青木は３年夏の三重大会で前年チャンピオンの津田《つだ》学園から金星を奪うなどベスト８を経験した。どんなに強風が吹き荒れる肌寒い日であっても、青木は常に半袖《はんそで》のアンダーシャツでグラウンドに立ち、大声を張り上げる。頭脳派の多い京大野球部にあって、元気印の青木は異色の存在と言えるかもしれない。

「長袖だと腕にピタンとくっついて、鬱陶《うつとう》しいかなと。半袖のほうが爽《さわ》やかやし、男らしいかなって。公式戦は全部半袖で出てますね」

登録上は捕手だが、打撃力を買われて一塁手としてクリーンアップに定着していた。青木が重視するのは、「形も大事だけど、試合でしっかりと振れてこその形」。つまり、バットの芯《しん》を外そうと、詰まることを恐れずに思い切りのいいスイングができるのが青木の長所だった。

「いつもは緊張するタイプなんですけど、1本出たことで気楽に試合に入っていけました」

そう語る青木は、のちに再び大仕事をやってのける。

スタンドに立ち尽くす〝晒し者〟

京大の三原は立命大との3回戦に「4人をつぎ込もう」と決めていた。水江以外の3人は、コロナ禍で戦列を離れていた牧野、徳田、愛澤である。

まずは水江に「先発とリリーフのどちらがいい?」と尋ねたうえで、水江の先発起用を決めた。水江を5回まで使い、グラウンド整備に入るタイミングで準備を整えた愛澤をリリーフで起用する算段だった。水江は5回を1失点と抑え、役目を果たしてくれた。

だが、5回裏に二死から愛澤に打順が回った関係もあり、攻撃中にブルペンで投球練習ができなかった。そこで三原は徳田に「先に投げられる？」と打診する。徳田は三原から頼られることを意気に感じ、6回を無失点に抑えて帰ってきた。

徳田は3回生の春に右ヒジを手術し、長いリハビリを経験していた。応援スタンドでチームの敗戦を見つめるたびに、徳田はかつて同期の村尾昂紀が京大野球部のブログに吐露した文章を思い出すのだった。

〈リーグ戦で同期や後輩が躍動する中、スタンドで突っ立って長すぎる学歌を呆然《ぼうぜん》と聞くあの時間ほどしんどい時間はないです。あの立たされている間、自分の実力不足、努力不足を球場全体に晒《さら》されている気分になる〉

嫉妬《しっと》心に身を焦がし、「自分の醜さを感じた」と徳田は振り返る。投手陣で苦しんでいたのは徳田だけでなかった。村尾も、木村圭吾も、そして同期でもっとも期待された手塚皓己でさえも故障や不振に苦しみ続けていた。精神的に落ち込み、挫《くじ》けそうになった時期もある。だが、心の支えになったのは1年先輩の池田唯央だった。

「池田さんは1回生の頃からすごく気にかけてくださって、ケガして痛みが残る時も『無理すんなよ』と言ってくれて。リハビリが明けて久々にブルペンに入った時には、『よかったな』と声をかけてくれて、いつも励みになっていました」

右ヒジが完全に癒《い》えて投げられるようになったのは、春季リーグ戦開幕の3週間前だった。ここで徳田は、以前から三原と取り組んできた「ストレートとカーブに続く落ちるボール」の習得に精を出す。そこで手応えを得たのが、ツーシームだった。

「指の間隔を広げてスプリット気味に投げてみたところ、スピードはそれほど落ちずに落差も出てきました。引っかけさせて、ゴロを打たせる球種になりそうだなと感じました」

一方で、トレーニングに熱心な投手陣に触発された結果、肉体改造にも成功していた。入学時に身長178センチ、体重69キロと細身だった体は、181センチ、78キロとたくましさを増した。ホップ成分の強いストレートは高校時代より10キロ以上も速くなり、最速140キロ。ホームベース付近でシュートしながら沈んでいくツーシームとのコンビネーションは、目論見《もくろみ》通りことごとく打者の凡打を誘った。

大型右腕の水口創太が病院実習で思うように登板できないなか、徳田は投手陣にとって大きな存在になっていた。それは1回生時から二人三脚で決め球マスターに取り組んできた三原にとっても、感慨深いことだった。

「徳田は本当にやさしい性格で、愛澤の言葉を借りると『扱いやすいタイプ』でした。フォーク、チェンジアップといろいろと試すなかでツーシームが初めてフィットして、やっとバッターに手を出してもらえる球を手に入れられました。『どうやって使おうか？』と話し合うなかで、愛澤が積極的にツーシームを使ってくれました。春が始まった段階では徳田を中心とは考えていなかったので、投手陣の軸になってくれたのは大きかったですね」

7回表からは満を持して愛澤がリリーフのマウンドへ。セカンドを守る3回生の小田雅貴は「え、愛澤さんが投げるん？」と驚いたという。正捕手をリリーフのマウンドに送る三原の奇想天外な起用に、愛澤は「なんちゅうことをやらすんだ」と苦笑しながらも肩をつくった。コンパクトな動作の捕手の投げ方と、アンダースローの投手の投げ方は根本から異なる。愛澤は攻撃中の時間を使ってブルペンで調整し、登板に備えていた。

7回は二死満塁のピンチを背負いながら無失点に抑えた愛澤だったが、8回表は守備陣のエラーが絡んで1点を失った。それでも2対2の同点で踏みとどまり、9回表には4番手として牧野がマウンドに上がった。

気分屋・牧野斗威の覚醒

前年の冬にお股ニキから「全然問題ないよ」と太鼓判を押されたことで、牧野は自身の「動くストレート」に自信を持てるようになった。

開幕節である関大との2回戦では3失点したが、守備陣のエラーも絡んだため自責点は0。

それ以来、牧野は「防御率0・00」の快投を続けていた。

「少しでもピンチになると、『投げさせてくれ!』と思っていました」

三原は相変わらず気分屋である牧野の特性を慎重に見極めつつ、緊迫した場面で送り込むようにしていた。「点差が詰まってる状況じゃないと、基本的に力を発揮できない」と見ていた。

そんな三原の期待に、牧野は最高の形で応える。9回表を三者連続三振で切り抜け、試合は2対2の同点のまま9回裏の京大の攻撃を迎えた。

立命大の3番手には、3回生右腕の谷脇弘起《たにわきこうき》が起用された。150キロを超える快速球と縦のスライダーを武器にする、2023年のドラフト候補である。

京大打線は谷脇の前にアウト二つを取られたものの、3番の伊藤がライトへ二塁打を放って出塁する。伊藤はこの日も3安打を放ち、手がつけられない状態だった。伊藤の代走として主将の出口諒が起用され、続く4番の山縣は四球を選ぶ。二死一、二塁で打席に入ったのは、この日2打点を挙げていた青木である。

バックネット裏では立命大の田原が「インコースを突いてくれ」と願っていた。だが、カウント1ボール、1ストライクから立命大バッテリーはアウトコースを選択する。青木が逆らわずにライトへと弾《はじ》き返すと、二塁から出口が快足を飛ばして還ってきた。

出口がホームベースに触れた瞬間、京大にとって今季二つ目となる勝ち点がもたらされた。

京大生が近大を「ソルジャー」と呼ぶ理由

リーグ戦9試合を終えた段階で4勝5敗、勝ち点2。京大野球部の歴史を考えれば歴史的快挙に近い成績だが、彼らが目指すのはあくまでもリーグ優勝である。5敗を喫したものの、勝ち点を落としたのは同大のみ。最終的に勝ち点4を奪えれば、優勝の目が残っていた。

とはいえ、中7日を空けて5月18日に南港中央野球場で対戦するのは、近大である。1イニング13点を奪われた「雨の惨劇」から17日が経っていたが、その傷跡は刻まれていた。

監督の近田怜王と起用法を話し合った三原は、近大2回戦で水江の起用を「同点かリードの場面で1〜2イニング程度」とすることに決めていた。21日には中2日空けて関学大との1回戦が控えており、「1戦目を最優先に考えてほしい」という近田の意向に従ったのだ。

先発には愛澤を立てたが、三原は内心「近大は左のうまいバッターが多いから、アンダースローの愛澤は相性的にしんどいかもしれない」と考えていた。

近大は関西学生リーグで圧倒的な戦績を誇る、絶対王者である。その時点でリーグ優勝回数は38回と、立命大の22回に大きく差をつけていた。大学選手権で優勝4回、明治神宮大会で優勝2回。名将の松田博明《まつだひろあき》が率いた1987年、本川貢《もとかわみつぎ》が率いた1997年には春夏のリーグ戦、大学選手権、明治神宮大会のすべてで優勝する「グランドスラム」を成し遂げている。199

7年は当時開催されていた全日本アマチュア野球王座決定戦（社会人の日本選手権優勝チームと大学選手権優勝校が戦う、事実上のアマチュア日本一を決める試合）でも勝利し、アマチュア王座に君臨した。ＯＢには有藤通世《ありとうみちよ》（元ロッテ）、二岡智宏《におかともひろ》（元巨人ほか）、糸井嘉男《いといよしお》（元阪神ほか）、佐藤輝明（阪神）など多数のプロ野球選手がいる。

奈良県生駒《いこま》市の総合グラウンドには野球部寮、専用グラウンド2面、雨天時でも内野ノックができる室内練習場、ウエートトレーニング機器が充実したトレーニングルームを完備する。スカウティングの規模も関西学生リーグ内ではケタ違いで、監督の田中秀昌はスポーツ推薦の枠について「5校ある付属高校を含めて年間20名くらい」と語る。かといって名門校の有望選手ばかりをスカウトするだけでなく、仁川《にがわ》学院高校時代にほぼ無名の存在だった佐藤輝明を見《み》出《いだ》したように田中の慧眼《けいがん》が光っている。２０２２年の4回生は最終的に13人が卒業後に社会人野球チームに所属するような、有望メンバーが揃っていた。

京大の選手たちは、近大の選手のことを「ソルジャー」と呼んでいた。愛澤はその理由をこのように説明する。

「近大は野球がうまい人の集団なのに、兵隊みたいにやるべきことをやるイメージがあります。ピンチの場面でもいつも通りのプレーができて、人間らしさがないんです。でも、それが近大の強さの理由なんでしょうね」

試合開始早々、兵士たちは先発マウンドに上がった愛澤に襲い掛かる。一死から2番の坂下が死球を受けると、3番の谷口嘉紀《たにぐちよしき》がショートへ内野安打を放つ。二死後に5番・榎木貫太《えのきかんた》がライトへ先制のタイムリーヒット。愛澤の暴投で1点を追加し、さらに6番・筒井太成《つついたいせい》のセンター前タイムリーヒットで早くも3点を先取した。

愛澤は早くも分の悪さを痛感していた。

「これまでの相手はしっかりとスイングしてくるバッターが多くて、相性がよかったんです。でも、近大はチームとして徹底した攻め方をしてくるので、この日は長打狙いではなくコンパクトにセンター返しをしてきました。これはちょっと厳しいなと感じました」

すると、京大は早くも三原が動く。2回から愛澤を捕手に回し、徳田を2番手に送ったのだ。投手としては近大打線の餌食《えじき》になった愛澤だが、捕手としては近大打線のスタイルを逆手に取ったリードを展開する。

「強振してこないなら、逆にインコースをどんどん攻めてやろう」

愛澤のリードに応え、徳田は近大打線から凡打の山を築く。2回から4イニングのロングリリーフで、わずか1安打に封じて試合を立て直した。

近大監督の田中はリードしつつも、京大に対してやりにくさを感じていた。

「京大のベンチには紙にプリントしたデータが20枚くらいバーッと貼られていて、『すごい分析されてるんだろうな』と感じていました。青木さんが土壌をつくられて、近田監督になられてより一層チームとして進化していると感じます。選手も執念深くて、集中力がある。最後まであきらめないので、イヤなチームやなと感じていました」

物理の実験に明け暮れる〝感覚派ヒッター〟

三原は6回に牧野を投入。好調をキープしていた牧野はノーヒットに抑え、試合は0対3のまま6回裏の京大の攻撃を迎えた。

京大の攻撃は一死から1番・小田、2番・伊藤、3番・山縣とつながる好打順だった。春の京大の得点パターンは、だいたいこの3人の右打者が絡んでいる。

3回生の小田は、大阪北東部の公立進学校・茨木《いばらき》高校から一浪を経て京大に進学した右投右打の二塁手だ。茨木高校は近隣に「阪大」の愛称で知られる国立大の大阪大があり、阪大に進学する生徒が多い。だが、茨木高校で野球部主将を務めた小田は「野球部に入ることを考えたら京大やな」と京大受験にこだわった。

工学部電気電子工学科に合格し、毎週金曜日は物理系の実験に追われる。そのため、部内では「野球と実験しかしてない」と評されるが、シュアな打撃と守備範囲の広い二塁守備で台頭。

この春からレギュラーの座を射止めた。なお、同期に織田将貴《おだまさき》がいるため、チーム内で小田は「コダ」、織田は「オディー」と呼び分けられている。

物理を研究する理系の小田だが、打撃技術に関しては「感覚派」と笑う。

「慣性モーメントとか考えないこともないですけど、結局は試合でどうやって結果を残すかが大事なので。1～2回生の頃は打撃理論を結構考えたんです。でも、結果が出ない人を見ているとバッターボックスで考えすぎて、バットが出てこないように見えました。相手ピッチャーじゃなく、自分との戦いになっているなと。だから僕は、試合でちょうどいい感覚に持っていけるように練習から取り組むようにしたんです」

関西学生リーグで対戦する投手は、高校時代からドラフト候補と騒がれたような本格派投手がほとんどだ。コントロールもよく、甘く入ってくるボールなど、1打席に1球あるかないか。小田はその1球を打ち損じせず、確実にとらえることを目指した。

そして、小田が一振りで仕留めるためのコツがあった。

「たとえばプロ注の150キロを普通に振っても、バットに当たらないんですよ。真っすぐとわかっていても、猛烈なキレがあってボールがバットの上を通りすぎていきますから。それなら、自分が思うポイントよりちょっと上を叩きにいけば、ちょうどいい場所で当たるじゃないですか。普通に打とうとすれば、1打席に1球あるかないかの甘いボールが空振りやファウルになってしまって、それではもったいない。練習からすごく速い球を想像して、上を叩きにいく調整をしていました。この感覚は3学年上で首位打者を獲《と》った北野（嘉一）さんも言っていましたし、2学年上の鈴木《すずき》（岬希《みさき》）さんも『想像力が大事』と強調していました」

先輩から代々伝わる極意にたどり着いてから、小田はヒットを量産するようになった。立命大の長屋が嘆いた「とんでもない空振りもあれば、いいボールにドンピシャで合わせてくることもある」という現象は、小田のような微調整をする京大生ならではなのかもしれない。

近大のマウンドには、エース左腕の久保玲司《くぼれいじ》が立っていた。身長172センチと小柄ながら、2回生時には最速151キロをマークしたこともあった。秋のドラフト候補に挙がるリーグを代表する逸材である。そんな好投手を相手に、小田はいつものように「上を叩く」を実践。打球はライト前に飛ぶ、この日2本目のヒットになった。

続く伊藤、山縣も連打で続き、小田が二塁からホームに生還した。小田は「いつもウチが点を取るのは、この連番やな」と実感しながら、先輩の存在を頼もしく思った。自分の後ろに伊藤と山縣という強打者がいるから、思い切って打席に立つことができていた。

「代打の切り札」の大仕事

４番の青木が空振り三振に倒れたものの、２回生ながら５番に入った西村洪惇《にしむらこうじゅん》がライト前にタイムリーヒットを放ち、京大は２対３と１点差に迫った。西村は金沢泉丘《かなざわいずみがおか》から一浪して京大に進学した左の外野手。身長１６３センチと小柄だが、その打撃技術はチーム随一で近田の高い期待を受けてスタメンに抜擢《ばってき》されていた。

京大の押せ押せムードに包まれるなか、近大ベンチが動いた。エースの久保に替えて、２番手に同じく４回生左腕の森本昂佑《もりもとこうすけ》を送ったのだ。

森本は大阪桐蔭出身で、高校３年時に甲子園春夏連覇を経験している。とはいえ、森本は柿《かき》木蓮《ぎれん》（日本ハム）、根尾昂《ねおあきら》（中日）、横川凱《よこがわかい》（巨人）とプロに進んだ逸材投手の陰に隠れ、４番手格の存在だった。それでも、近大監督の田中が潜在能力を見込んでスカウトすると、大学では最速１４７キロをマークするほどに成長していた。

二死一、三塁の場面で京大は６番の片岡太志が打席に入る。春は結果を残せずにいた片岡だったが、この打席は３ボール２ストライクのフルカウントまで持ち込み、四球を選んでいる。京大のチャンスは二死満塁に広がった。

ここで打順は途中からリリーフで登板していた牧野に回ってきたが、ネクストバッターズサークルには違う選手が立っていた。４回生の梶川恭隆である。近田から指示されたわけでもないのに、梶川は「ここは俺だろう」と勝手にネクストに居座ったのだ。

近田としても「この場面は梶川しかいない」と考えていた。新チーム結成直後にBチームに組分けされ、「自分には何が足りないんですか?」と食い下がってきた梶川は、少しずつ近田の信頼を勝ち取っていた。

「春のオープン戦でもスタメンで使う機会が少なかったので、梶川から『僕はどういう立ち位置なんですか?』というようなLINEがよく来ていました。僕は梶川を『代打の切り札』にしたいと決めていたので、『(ベンチ入りメンバーの)25人からは外さないから、そのための準備をしておいてくれ』と説明しました。首脳陣の顔色をうかがうようなデリケートな部分がある選手だったので、時間をかけて接してきたつもりです」

それまでの9試合で梶川は7試合に出場し、放ったヒットは立命大戦2回戦でのポテンヒット1本だけ。それでも、梶川のなかで「ボールが見えている」という好感触が残っていた。代打の切り札として試合中に気持ちをつくり、準備にも慣れてきた。何よりも近田に対して、「自分を認めてもらいたい」という熱い思いがあった。

近大の森本に対し、梶川は初球のストレート、2球目の変化球を見送って2球で2ストライクと追い込まれてしまう。それでも、梶川のなかには不思議と余裕があった。出番に飢えていた男はしびれる勝負所で起用され、打席で勝負できる喜びに満ちあふれていた。

ボール球になる変化球を2球見極め、カウントは2ボール、2ストライク。そこで梶川は不思議な感覚を抱いた。「あ、真っすぐがくるな」という予感があった。これまでも何度かあった、根拠のない予感。それはいつも、決まって的中するのだった。

ストレート一本の読みで待っていると、やはり森本はストレートを投じてきた。梶川のヒザ元を狙ったストレートが、真ん中付近に入ってくる。梶川はバットを振り抜いた瞬間、今までにない好感触を覚えた。

「あ、入ったな」

近大のレフト・竹谷理央《たけたにりお》は急いだ様子で後退したものの、やがて打球を追うのをあきらめた。白球は南港中央野球場のレフトスタンドの芝生席に落ち、わずかに弾んだ。一塁を回った梶川は右腕を天に突き上げた。起死回生の逆転満塁ホームランである。

一塁側の京大ベンチはお祭り騒ぎだった。「この場面はあいつしかいない」とネクストバッターズサークルから見守っていた愛澤は、背番号22の殊勲者をホームベースで迎えた。

「まさかホームランとは思ってなかったですが、梶川はチーム内で代打として頭二つ、三つ抜けている存在でしたから。たとえば1アウト三塁のチャンスで起用されたとしたら、簡単に三振しないでバットに当てて1点をもぎ取ってくれる。あいつのしぶとさはチーム内の誰もが信頼していました」

試合は完全に京大のペースになった。7回裏には4番の青木にもタイムリーヒットが飛び出し、点差は7対3と広がった。投手リレーは4番手に染川を挟んで、8回表から満を持してエースの水江を投入した。水江はいつものように安定した投球で打者6人をパーフェクトに抑え、試合を締めくくった。

17日前には2対16と大敗寸前だった相手に、今度は7対3で雪辱する。何はともあれ、京大は3連勝で2019年秋以来となるシーズン5勝目を挙げた。

第7章

野球ヲタ投手コーチの落とし穴

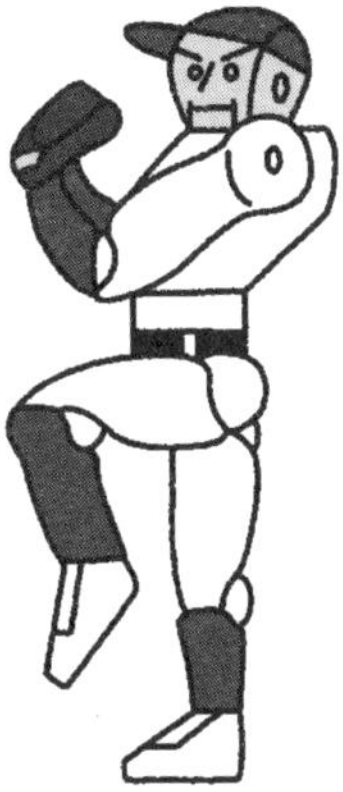

未曾有の投手大豊作イヤー

近畿大から金星を奪って気勢を上げた京大だったが、一方でショックな現実とも向き合わなければならなかった。同志社大が関西大との3回戦を7対0で制し、勝ち点4を奪取。京大が残り試合に全勝して勝ち点4を獲得できても、勝率で同大に並ぶことができない。つまり、この時点で京大のリーグ優勝が消滅したのだ。

京大監督の近田怜王は「優勝できなければ2位も最下位も同じ」と選手に訴え続けてきた。それだけに、選手からすれば絶対的な目標が失われたことを意味した。もはや「最下位脱出」に満足する選手など、誰一人としていなかった。

終盤戦に入り、優勝争いは勝ち点4の同大と勝ち点3で追う近大の2チームに絞られた。前年秋のチャンピオンだった関西大は京大に勝ち点を落としたこともあり、6勝7敗の勝ち点2でシーズンを終えた。一方、苦戦していたのは勝ち点0の立命館大、勝ち点1の関西学院大である。立命大は宮崎竜成《みやざきりゅうせい》が主将の重圧からか本来の伸びやかな打撃を発揮できず、その不振につられるようにチーム全体で深刻な打撃力不足に陥った。関学大は立命大から勝ち点を奪ったものの、それ以外は勝ち点を落として京大との最終節を迎えていた。

関学大の野球部は1899（明治32）年創部で、兵庫県西宮市にグラウンドがある。OBには田口壮《たぐちそう》（元カージナルスほか）、宮西尚生《みやにしなおき》（日本ハム）、近本光司《ちかもとこうじ》（阪神）らがいる。

歴史の古い野球部だが、その雰囲気は大学野球界にありがちな厳格さに満ちた伝統校とは一線を画す。監督の本荘雅章《ほんじょうまさあき》は大学のアイデンティティーとして「和洋折衷」を挙げる。

「アメリカの宣教師が神戸に読書館を設立したのが創立の経緯ですし、日本と西洋のいいところを生かしながら、時代の一歩先を行く文化があります。アメリカンフットボールやラクロスも先進的に始めていますし、和洋折衷のマインドを持っていると感じます」

副将を務める中心選手・髙波寛生《たかなみかんせい》は埼玉の川越東《かわごえひがし》から関西学院に進学した。入学当初は今までに経験したことのない、キャンパスの華やかな雰囲気を感じたという。

「キャンパス内はおしゃれな人が多い気がします。幼稚園から関学に通うような人は育ちがよくて、お嬢様っぽい上品で落ち着いた人が多いと感じました」

体育会が優遇される土壌はない。1990年に本荘が入学した当時にはスポーツ推薦制度が存在せず、翌年から運用がスタート。現在のスポーツ選抜入試で野球部の枠は1年あたり6～8人になっている。野球部のセレクションはなく、250名近い部員数は連盟随一。野球場はあるものの、あくまでも「体育の教場」という位置づけのため授業での使用が優先される。選手は必要な単位数を取得できなければ、公式戦に出場できない。あくまでも正課優先の部活動という位置づけなのだ。

2022年春季リーグは勝ち点1と出遅れた関学大だったが、本荘は「そこそこ戦えるはず」と手応《てごた》えを持って臨んでいた。エース右腕の西隼人《にしはやと》に実戦派左腕の鈴木翔也《すずきしょうや》、さらに将来有望な3回生左腕の執行大成《しぎょうたいせい》と3人の好投手を擁していたからだ。野手陣も主将で正捕手の佐《さ》藤海都《とうかいと》、強打の二塁手・髙波ら主力に経験者が残っていた。

だが、本荘はリーグ戦を戦いながら、想像以上の難しさを感じていた。

「各校の投手力が素晴らしくて、ちょっとしたミスで負けてしまう。投手も3人はいましたが、4人目以降で信頼できる存在がいなかったのは痛かったです」

2022年の関西学生リーグは、例年以上に好投手がひしめいていた。首位の同大なら髙橋佑輔、小倉悠史、東山玲士、真野凛風（3回生）。近大は久保玲司、大石晨慈《おおいししんじ》、小寺智也《こでらともや》。関大は金丸夢斗《かねまるゆめと》（2回生）、鷲尾昂哉、定本拓真、辰己晴野。立命大は秋山凌祐《あきやまりょうすけ》、長屋竣大（2回生）、谷脇弘起（3回生）。そこへ関学大の主力3投手に、最下位が定位置と言われた京大にも水江日々生（3回生）という絶対的エースが君臨していた。

関学大の本荘は京大節を迎えるにあたって、強い警戒心を抱いていた。

「青木（孝守）さんが監督に就任された前後から、京大は本当に変わりました。投打に核になる選手が出てきて、戦いぶりもバタバタしなくなりました。今までなら勝負所でミスが出ていたのが、ミスをしなくなりました。投手陣も複数の好投手がいて、スピードが飛び抜けているわけではないのに、自分の特徴を理解して試合で力を出し切れる。ウチのピッチャーがメンタルから崩れる試合が多いのと比べても、京大はみんな堂々としています」

5月21日、わかさスタジアム京都での1回戦は、関学大が西、京大は水江と両エース右腕が先発して幕が上がった。

水江の疲労と三原の迷い

試合開始直後から、三原大知は今までにない感覚を味わっていた。

自分の体が自分のものではないかのように、重く感じる。目標だったリーグ優勝を逃し、気落ちしたのは確かだった。この日のベンチに入った三原は今までにないモヤモヤを抱え、思考がまとまらなかった。

3連勝と勢いに乗るチームは、関学相手に優位に試合を進めていた。2回裏にはこの日スタメンに起用された3回生・大川琳久《おおかわりく》がライトにタイムリーヒットを放ち、先制点を奪う。5回裏には絶好調をキープする2番・伊藤伶真と、4番・青木悠真のタイムリーが出て2点を追加。5回終了時点で3対0とリードを広げた。

近大2回戦でのリリーフ登板から中2日で先発した水江は、エースらしい要所を締める投球でゼロを重ねていた。とはいえ、2カ月近くリーグ戦を戦うなかで蓄積された疲労は大きかった。三原は水江の交代機を慎重に探っていた。

京大躍進の立役者は、間違いなく水江だった。チーム最多の3勝を挙げ、常に安定感のある投球でゲームメークしてきた。水口創太が病院実習でチームを離れ、牧野斗威、徳田聡、愛澤祐亮がコロナ禍で離脱しても、水江だけは常にチームの中心であり続けた。また、この春の関西学生リーグは天候不順のため、平日に試合が組まれることも多かった。京大にとっては水江を数多く起用できるメリットもあったが、エースにのしかかる負担も大きかった。

1回生時にカット質のストレートを近田と三原に認められて台頭した水江も、その後は密《ひそ》かに球質改善に取り組んでいた。「初見ではなんとかなっても、慣れられたら打たれる」という考えがあったからだ。そして、水江は努力の末にきれいな回転のストレートとカットボールを投げ分けられるようになり、投球の幅を広げた。「ジャングルジムの上でも怖いくらいなので、将来はマンションに住めない」と語るほどの高所恐怖症だが、水江はフィールドの小高い場所で一際輝きを放っていた。

そんなチームの宝だからこそ、大事に使わなければならない。三原は絶えず水江の行動を観察し、いくつかの特徴をとらえていた。

「繊細なピッチャーなので、試合前からルーティンがしっかりしています。投球練習で追加して立ち投げを多くする時は、水江の感覚としてあまり調子がよくない日なんです」

そして、交代機を探るうえでのポイントも把握していた。三原は水江のカットボールのスピードがやや落ちてきたことに着目した。

「水江は疲れてくると、変化球の強度が落ちてくるんです。速い変化球が持ち味ですが、スピードが遅くなってくる。キュッと曲がらずにヌルッと曲がる球が出てくると、長打を浴びる可能性があるので怖いんです」

5回を終えた段階で、水江のボールには明らかに疲れの兆候が現れていた。6回表の守備を前に、三原は水江にこう告げた。

「この回がラストやから」

疲労を自覚していた水江は、「この回で出し切ってこよう」と気合を入れ直し、マウンドに向かった。水江は二死から3番・佐藤海、4番・高波に連打を浴びたものの、ピンチを0点に切り抜けてベンチに戻ってきた。6回裏には自分に打順が回ってくるだけに、代打が出るだろう。そう安堵《あんど》感に浸る水江だったが、ここで三原から意外な言葉が告げられた。

「ごめん、もう1回いってくれへんか？」

水江は思わず「えっ？」と問い返した。

（なんでやねん。さっきはこの回がラストって言ったやんけ……）

内心そう悪態をついた水江だったが、三原の立場になって想像してみると理解もできた。京大は関学節の後の5月24日に近大との3回戦を控えていた。もし関学節が3回戦までもつれた場合、近大3回戦まで4連戦になる可能性があった。投手運用を考えれば、エースの水江に1イニングでも長く投げてもらいたかったのだ。

一度火を落としたガスコンロでスープを温め直すように、水江は「よし、いくか」と心に決めた。だが、その先には落とし穴が待っていた。

疑問の投手交代

関学大6番の馬場和輝《ばばかずき》にレフトオーバーの二塁打を浴び、水江は額の汗を拭《ぬぐ》った。気持ちを入れ直したつもりだったが、一度緩んだタガは元に戻らなかった。

後続を抑えてなんとか二死までたどり着くが、9番の代打・竹田陽樹《たけだはるき》にタイムリーヒットを浴びて、この日初めての失点を喫する。続く1番・松尾悠一郎《まつおゆういちろう》の打球をセカンドの小田がエラーし、2番の代打・武田大遥《たけだたいよう》にライト前タイムリーヒットを浴びたところで、三原は水江の交代を決断する。2番手としてマウンドに上がったのは、長身右腕の染川航大である。

この時、「俺やないんか?」と疑問を抱いたのは、スタンバイしていた徳田である。好調をキープしていただけに、ピンチを抑える自信があった。それと同時に、右ヒジ手術明けの自分を気遣って、三原が大事に使ってくれていることも理解していた。

1点差に迫られた京大に、なおもピンチが続く。染川は3番・佐藤海に四球を与え、二死満塁とされる。打順は4番の中心打者・高波に回った。

「ここで打たなかったら、『なんでこいつをいい打順で使ってんだ？』という声が聞こえてくるに違いない」

高波は自分自身にそう言い聞かせ、左打席に入った。この春、高波は大不振に苦しんでいた。

「これ以上チームに迷惑をかけられない」という思いがある一方、徐々に状態が上向いている手応えもあった。この日は3打席目にヒットを放つなど、いい感触を得ていた。

「後ろにも石井《いしい》（雄也《ゆうや》）やいいバッターが続くから、1点ずつ返していこう」

そう心に決めた高波は、程よい緊張感を持って打席に入った。カウント2ボール、1ストライクからの4球目。高波はある違和感を覚えた。

「京大の野手が全体的に右方向に寄ってるな。インコースにくるんじゃないか？」

案の定、内角高めにストレートが入ってきた。左打者の高波がクルッと鋭く回転してバットを振り抜くと、打球は右翼線を破る長打コースに飛んだ。

走者が次から次へと還ってくる。3人の走者がすべてホームベースを踏み、高波は三塁へと到達した。ようやくチームに貢献できた安堵感があった。

「自分のことばかり気にして結果が出なかったけど、最後は少し余裕が持てたかな」

一挙5点のビッグイニングが、これまで快調だった京大の流れをピタッと止めるきっかけになってしまった。

混沌とする優勝戦線

マウンドを降りた水江に、三原は「申し訳なかった」と何度も詫《わ》びた。

三原にとっては、悔やんでも悔やみきれない失敗だった。

「『なんでその瞬間に、そんなことを考えていたんだ?』と自分のなかでもおかしな感覚でした。3対0になった時、フワッと『勝てるな』と思って、戦いながら次の日のことを考えてしまった。水江を引っ張りすぎて、後手に回る継投になってしまいました」

試合はそのまま3対5で関学大に敗れた。試合後、京大は球場で解散する前にミーティングを開く。その場で近田は選手たちに「三原とも継投の話をする」と伝えた。選手は誰も三原を責めなかったが、三原自身「自分のせいで負けた」と痛切に感じていた。

「頭にあったのは『徳田と牧野を使って逃げ切る』ということでした。でも、徳田は連投に耐えられるか不安だったので、できる限り使わずに乗り切りたいなと。そう考えると、牧野に8回から2イニングを抑えてもらいたい。牧野を8回から使うと決めて、7回に水江に何かあったら染川を使おうと考えました。染川に対しては、『来年こういう起用もあるよ』と経験を積ませようという浅はかな考えがありました。結果的に染川は打たれて、打順の巡りもあって牧野も徳田も両方使うことになって。考えうる限り、最悪の結果でした」

翌5月22日も京大は悪い流れを引きずっていく。この日の先発は春のリーグ戦初先発となる水口である。だが、平日夜は自主練習するしかなく、ブルペン投球すらできない水口は本来の力を出し切れない。3回に二死満塁のピンチを背負うと、この日も高波に2点タイムリーを浴びて関学大に2点を奪われた。4回からは徳田がマウンドに上がったものの、3失策と守備に足を引っ張られて2点を失う。

三原にも、本来の思い切った決断力が見られなくなっていた。1回戦の継投失敗を引きずり、自信を失っていたのだ。

「それまでは近田さんに『次はこういきます』と伝えていたのが、いつしか『次はこれでいいですか？』と疑問形になっていました。起用するのが怖いわけではないんですけど、自分の判断に自信が持てなくなっていたのだと思います」

一方、関学大は3回生左腕の執行が手のつけられない投球を見せた。執行は和田毅《わだつよし》（ソフトバンク）に似たタイプで、打者からするとボールの出所が見づらく、ストレートが球速以上に速く見える。執行本人としては「状態がよくない」と感じていた一方で、「最終戦で勝って、いい形で終わりたい」という強い思いがあった。暴投で1点こそ失ったが、あとは京大打線につけ入るスキを与えなかった。被安打5、奪三振10の快投で完投。関学大が連勝で京大から勝ち点を奪った。

関学大節の前には2位の可能性が残っていた京大だが、関学大から勝ち点を失ったことで2位の目もなくなった。残りは最終戦となる近大3回戦に勝てば、3位のAクラスに食い込む可能性を残した。

だが、対する近大のモチベーションも異様に高かった。京大3回戦に勝って勝ち点を奪えば、リーグ優勝できるからだ。

関西学生リーグの優勝争いは最終盤で大きな波乱が起きていた。勝ち点4で首位を快走する同大が、最下位が確定していた立命大に0対1、0対2と連敗。近大に逆転の目が浮上した。

同大と立命大とのカードは「同立戦」と銘打たれる伝統の一戦である。いつも以上に観衆がスタンドを埋め、試合前には厳かなエール交換や演舞など応援合戦が繰り広げられる。だが、同大エースの髙橋は「硬さはなかった」と振り返り、こう続けた。

「立命の秋山と長屋の2人は今までに対戦したピッチャーよりも、ボールが速かったです。チームとしては2人を降ろせば勝てるというムードがあったなか、2人に完璧《かんぺき》なピッチングをされて、手も足も出ない試合になってしまいました」

一方、立命大のアナリスト・田原鷹優は同大の髙橋、小倉らの投手陣に対して「疲れが出ているな」と感じた。シーズン最後にようやく実力を発揮したチームに対しては、「僕らとしては、いつもこれくらいの集中力でやってほしいんです」と苦笑を浮かべた。

不振を極めていた立命大の主将・宮崎竜成が決勝2ランホームランを放った瞬間、寮の喫煙所で試合映像を見ていた近大の選手たちは「うぉ〜!」と雄叫《おたけ》びをあげた。

主将の小寺智也は、「絶対に京大に勝って優勝しよう!」と仲間と誓い合った。

5月24日、わかさスタジアム京都での近大と京大の最終戦が行われた。近大は久保、京大は水江の両エースが先発。試合は3回まで両チーム無得点が続いた。

だが、優勝が目の前にチラつく状況下で「ソルジャー」たちの神経は研ぎ澄まされていた。4回表に一死一、三塁のチャンスをつかむと、6番・竹谷理央がライトに犠牲フライを打ち上げ、先制点を挙げる。京大は5回から2番手に徳田を投入するも、その流れを止められない。6回表には5安打を集められ、一挙5点を奪われたところで試合の大勢は決した。9回には染川が4点を失い、近大のリードは10点まで広がった。

近大は左肩のコンディションが万全ではない久保を5回で降板させると、6回から主将の小寺を投入。小寺は4イニングをテンポのいい投球で1点に封じる。最後は山縣薫をキャッチャーファウルフライに打ち取り、近大の選手たちは歓喜の渦に包まれた。

京大はこの敗戦で3連敗となり、Aクラスの夢も潰《つい》えた。終わってみれば5勝8敗、勝ち点2でリーグ5位という結果だった。

ただし、他大学の京大を見る目は確実に変わっていた。とくに近田の手腕を評価する声は大きかった。同大監督の花野は「近田くんが選手のいいところを引き出して、野球に対して純粋な選手たちが思い切って戦えている」と語り、立命大監督の後藤は「近田さんが来てから今まで以上に投手力が上がって、投げミスがあっても自信を持って腕を振れている」と評した。

三原たち4回生に残されたシーズンは秋のみ。課題が多く見つかった一方、収穫も多かった。京大野球部にとって、リーグ優勝はもはや夢物語ではなくなっていた。

現実を思い知った関西オールスター戦

春季リーグ戦が終了後、表彰選手が発表された。ベストナインには、京大から二塁手の小田、三塁手の伊藤、外野手の山縣が選出。京大から3選手がベストナインに選ばれたのは史上初の快挙である。山縣が記録した打率・341はリーグ2位。4打点、4盗塁と総合的に能力を発揮した。伊藤の打率・318はリーグ5位。立命大2回戦以降での安打量産は印象深く、関大戦での2盗塁でもチームに勢いをつけた。小田はリーグ9位の打率・286を記録し、チャンスメーカーとしての役目を果たした。他にも規定打席に達したのは、青木と片岡太志。青木は打率・233ながら、チームトップの6打点をマーク。片岡は打率・095と低調だったものの、関大戦で得意のバントで同点スクイズを決めている。

投手ではなんといっても、水江の好成績が目立った。リーグ最多の56イニングに登板し、3勝5敗、防御率2・09（リーグ8位）。また、4回生になって成長著しい牧野は8試合に登板して2勝1敗、15回3分の2を投げて防御率0・00と大きく貢献した。右ヒジ手術から復活した徳田は最終戦で打ち込まれたものの、8試合の登板で防御率3・38と戦力になった。

6月の大学選手権に出場した近大は1回戦で和歌山大に4対2と勝利したが、2回戦で同大会の優勝校となる亜細亜大に1対2で惜敗した。エースの久保は8回まで無失点と好投を見せたものの、全国屈指の強豪の壁は厚かった。

大学選手権が終わると、近畿圏にある五つの大学野球連盟ではオールスター戦が開催される。関西学生、関西六大学、近畿学生、阪神大学、京滋大学の連盟ごとに選抜チームを結成し、トーナメント戦で優勝を争う。優勝連盟には秋の明治神宮大会出場権を争う関西地区大学野球選手権大会のスーパーシード枠が与えられる。明治神宮大会の出場枠は関西5連盟から2枠のみ。

スーパーシードを与えられれば、他の4連盟が最低3勝しなければ出場権が得られないところ、わずか1勝で明治神宮大会に出場できる。そのため、真剣勝負の色が濃いイベントなのだ。

関西学生リーグ選抜の30人のなかに、京大からは水江、山縣、伊藤、小田の4選手が選ばれた。シートノックからトップクラスの強肩を披露した山縣は、「自分も負けていない」と自信を深めた。高校時代から強豪私学の選手に及ばないコンプレックスを抱き続けてきたが、大学4年目にして追いつけた実感があった。山縣は感慨を込めて言う。

「僕にとっては『京大っぽくない』というのは最高の誉め言葉なんです。自分なりに頑張った結果、私学にもひけを取らないと言われるようになってよかったです」

だが、オールスター戦で山縣を待っていたのは、過酷な現実だった。関西学生の初戦の相手は関西六大学。大阪商業大、龍谷大、京都産業大などが所属する、関西学生の対抗馬といっていい連盟である。選抜チーム監督を務める近大の田中は、選手たちにこう告げた。

「なんとしてもスーパーシードを取るために、初戦は落とせないから」

その試合に京大の選手は1人も起用されなかった。山縣は「まだ京大への信頼はないんやな」と受け止めた。関西学生はオールスターを3戦全勝で優勝したが、京大の選手が先発出場した試合はゼロ。水江も阪神大学との決勝戦で6対0とリードした状況で2イニングを投げただけだった。関西学生リーグのトップレベルともなれば、当然「関西ドラフト候補選抜」と言っていい布陣になる。京大の選手たちはその現実をまざまざと思い知らされた。

その一方で、他大学の有望選手と交流できたのは大きなプラス要素だった。水江は同学年の関学大・執行と親しくなった。

「彼は左投げですけど、僕とタイプが似てることもあって参考にしていました。スタミナもあるし、変化球の質は彼のほうが上やなと。最初は緊張しましたが、他大のピッチャーから『何か吸収してやろう』とコミュニケーションを取って、いろいろと学べました。みんなシンプルに球のスピードが速いので、まだまだ力の差を感じました」

関西学生選抜のマスコット的存在になったのは、やはり伊藤だった。関学大の高波もまた、伊藤の特殊なキャラクター性に魅了されていた。

「あれだけクセの強い選手だからこそ気になるし、もっと知りたいと思わされますよね。オールスターでもチームのみんなを盛り上げて、癒《いや》してくれる。そんな愛されキャラでした」

伊藤が代打で打席に入ると、関西学生選抜のベンチからは「公認会計士！」という歓声が飛んだ。どのチームの選手も伊藤の打撃力とキャラクター性に、注目せずにはいられなかった。

考えすぎて体が固まる京大生

春のリーグ戦が終われば、すぐさま秋のリーグ戦に向けた戦いが始まる。

大学で本格的な競技生活にピリオドを打つ最上級生が、春のシーズン終了を機に引退するケースも珍しくない。だが、京大野球部は4回生のほぼ全員が引退せず、秋のシーズンを戦う。ベンチ入りメンバーには1週間ほどの休みが与えられたが、コーチの三原はBチームの練習も見るため「自分だけ休みがないな」と嘆きつつグラウンドに通い続けた。1回生の頃は1週間に1～2回しかグラウンドに顔を出さなかった自分が、今や誰よりもグラウンドにいるのが不思議だった。

「レギュラーが確定しているのは、センターとキャッチャーだけ」

秋のリーグ優勝に向け、近田は選手たちにそう告げた。レギュラーが確定しているのは走攻守の要《かなめ》である中堅手の山縣と、チームの絶対的頭脳である捕手の愛澤の2人。ベストナインを受賞した伊藤や小田と言えど、競争を勝ち抜かなければならないことを意味した。

近田は本気で優勝を狙うためのカギが「守備」にあると考えていた。

「優勝がなくなった時点で気持ちが折れるかな？　と考えていましたけど、予想よりしっかりと戦ってくれた印象です。でも、戦い方を振り返ってみると守備はミスだらけでしたし、同大戦は相手投手陣に手も足も出なかった。まだまだ私学との力の差はありますし、やりきった感覚はありませんでした」

とくにセカンドの小田は春のリーグ戦13試合で8失策と守備のミスが多かった。エースの水江は「守備範囲が広いから打球に触れる機会が多くて増えただけ」とかばうが、近田はより高い競争を促したいと考えていた。さらに小田はリーグ戦終盤に右足首と右肩を痛めており、秋のリーグ戦までに復帰できるか不透明でもあった。

そこで近田は、遊撃手の片岡に「セカンドを守ってほしい」と打診する。

「春のシーズンが終わってからすぐ、片岡のコンバートを考えました。小田はレギュラー白紙という悔しい状況から、這《は》い上がってくれたらいいなと」

ところが、片岡は「セカンドはできません」と断っている。

片岡もまた、ひとクセのある選手である。「親から『勉強はやるのが当たり前』という洗脳を受けた」と語り、兵庫県の名門公立校・神戸高校から京大工学部に現役合格した。身長169センチ、体重68キロと小柄ながら、俊足と好守備を武器に遊撃レギュラーをつかんだ。

入学当初の片岡は、チームメートから「ワイルド」と評されていた。どんな打球に対しても、無謀に前へ突っ込んでいく。「バウンドを合わせよう」という発想がないかのような猪突猛進《ちょとつもうしん》ぶりは異彩を放ち、周囲からは「片岡は何も考えてへんやろ」と笑われた。だが、本人には本人なりの考えがあった。

「大学の先輩やリーグ戦で私学の選手のプレーを見て、あまりに自分と差があると感じたんです。まずは自分の限界を突破しようという狙いで、一歩でも前に出て捕る練習をしようと考えました。ボテボテのゴロを捕って投げるギリギリのプレーでも、少しでも速く処理できるようになりたいと考えたんです」

周囲からは「ワイルドな守備」「何も考えていないヤツ」というレッテルを貼られたが、片岡にしてみれば現状を打破するための打開策だったのだ。だが、ワイルドを推し進めて1回生の終わりが近づいた頃、片岡はあることに気がつく。

「さんざんやってきたんですけど、『前に出ない方がいいな』と気づいたんです」

やみくもに前に出るのではなく、打球によっては後ろに下がったほうが捕りやすいこともある。至極当然と言われればそれまでだが、片岡は内野手の真理にたどり着いた。

考え、考え、考えすぎるほどに考える。片岡は万事がその調子だ。3回生の冬場には「内野主任」に任命され、「どうやってチームの守備を向上させるか?」と思い悩む日々を過ごす。

「選手によってはアドバイスしても伝わらないことがありますし、何が正解なのかもわかりません。同期に聞いたり、コーチに相談したり、どうやって取り組むべきか、どうやって意識を統一させるかを結構悩みました。冬場には『基礎練』をして基礎を固めるんですけど、そもそも何をもって『基礎』というのかわかりません。守備にもいろんな型がありますが、自分では決めきれませんでした」

そして思い悩んだあげく、片岡はある一つの結論にたどり着く。

「とにかく、たくさんノックを受けよう」

監督の近田は京大生を評して、「考えすぎて体が固まってしまう選手が多い」と語る。片岡は典型的な京大生気質の持ち主と言えるかもしれない。片岡自身も「調子が悪くなると、だいたい無駄な思考が入り込んでうまくいきません」と認める。

4回生の春のリーグ戦では、極度の打撃不振に苦しんだ。当時の心境をつづった片岡の文章が京大野球部のブログに掲載されているのだが、その一部を引用してみよう。

〈当時の4回生が引退し、新チームが始動しましたが、僕はあまり気持ちが入りませんでした。何よりもモチベーションとなっていた一つ上の先輩たちがいなくなって、自分はチームで一番上手《うま》い存在、試合に出て当然で、チームを引っ張っていく存在にならなければならないと自分の中で思っていました。実際冬の期間には伊藤からは片岡がおらんかったら内野は終わる（伊藤は出なくてもチームはどうにかなる）というのを何度か言われ、自分自身も、伊藤もいなかったら終わると思いつつも、そう言われたことが少しうれしかったのと同時に、なんか力が入らないというか、力めないというか必死にならなくても試合に出れるとは思いたくもないけど、頭の片隅にそれが住み着くような感覚がありました。〈伊藤にそう言われたことでそうなったというより元々どこかにあったものが少しだけ意識するようになったので、もちろん伊藤のせいではないです。〉〉

この回りくどい文章を一読しただけでも、片岡のぐるぐると渦を巻くような思考が伝わってこないだろうか。

東大&慶大に連勝した関東遠征

片岡に二塁転向は断られたものの、近田には「秋に優勝するには、下回生から誰かが抜きん出てこないと難しい」という思いがあった。片岡を二塁にコンバートした場合は、守備力のある2回生の中嶋立樹《なかじまりき》、または1回生ながら野球センスが際立つ細見宙生《ほそみひろき》を競争させようと考えていた。外野手なら春のシーズンで高い打撃力を武器に台頭した2回生の西村洪惇、1回生ながら長打力はチーム随一の中井壮樹《なかいそうき》に期待をかけた。

夏場には東北遠征と関東遠征に出た。近田はコーチ時代からの方針通り、オープン戦では勝敗にこだわらず多くの選手を経験させて力量を見極めた。

8月15日には、東京大との定期戦である「双青戦」が東大グラウンドで行われた。バックネット裏スタンドは大勢の観衆で埋まり、東西を代表する名門国立大学の戦いを見守った。

この試合で小田が6番・二塁で先発復帰を果たす。ところが、二塁ゴロで併殺を取ろうとショートの片岡に送球した際、ボールが抜けてしまう。小田は「腕が下がると痛みがくる。まだ無理やんな」と顔をしかめた。すぐさま交代が告げられ、小田はベンチに下がった。

小田の回復が遅れている不安材料はあったものの、京大は関東遠征で大きな収穫を手にする。双青戦では水江が4回2失点と最低限の仕事をした後は、徳田が2回無失点と好投。さらに3番手で登板した水口も2回3分の2を投げて2奪三振、無失点と上々の内容だった。

春のリーグ戦は病院実習のため、わずか7イニングの登板に終わった水口だったが、秋のリーグ戦では戦列復帰できることになっていた。グラウンドを離れて194センチの大きな体をケーシーで包み、リハビリに励む患者に寄り添う日々は新たな発見の連続だった。水口は「知識だけあっても意味がないな」と実感した。

「リハビリをする人はお年寄りから若いスポーツマンまで幅広い年齢層でしたけど、信頼関係を築けないと向こうも不安を覚えて壁をつくられてしまいます。やさしい人が多かったので助かりましたけど、『リハビリを見学させていただいてよろしいでしょうか?』という言葉一つとっても失礼のないよう慎重に言うようにしていました」

実習は充実していたが、その一方でチームから離れるもどかしさも募った。実習の合間にスマートフォンを取り出し、京大の試合速報をチェックする。近大との2回戦で梶川が逆転満塁本塁打を放ったことを知った時は、「くすぶっていた梶川がやってくれた！」と喜んだ。その一方で、ユニホームを着ていない自分を、すでに引退したOBのように感じてしまった。

そして、水口にとって秋のリーグ戦は自身の進路に大きな影響を及ぼすことになった。水口はプロ志望届を提出し、NPB入りを目指していたからだ。

「リーグ戦でベストを尽くして、絶対に優勝する。そのうえでなんとしてもプロに行きたい」

水口は夏場のオープン戦で登板機会を重ねるなかで、順調に状態を上げていった。

打線も東大の投手陣から効果的に得点を奪った。2番の伊藤が本塁打を放つなど、4安打2打点の大暴れ。4番の青木も3ラン本塁打を放ち、好調をアピールした。

さらに、意外な伏兵も登場した。小田に替わってセカンドに入った深見駿斗《ふかみはやと》が、ライトスタンドに飛び込む2ラン本塁打を放ったのだ。深見は身長156センチとチーム一番の小兵で、サク越え本塁打自体が「人生で初めて」という経験。苦労人の4回生の大仕事に、京大ベンチは喜びを爆発させた。

深見は京都の市立西京《さいきょう》高校出身で、一浪して京大の工学部に合格している。守備に定評があり、1回生の秋には愛澤とともにいち早くリーグ戦のベンチ入りを果たしている。だが、レギュラーの座は遠かった。「幼稚園から背の順はずっと先頭」という体格面は言い訳にはしたくなかった。深見は二塁、遊撃だけでなく、外野の練習も積んでレギュラーの座をうかがった。

小田の故障はチームにとって痛手だったものの、深見にとっては最後のチャンスだった。

「4回生になった時、自分のなかで勝手に『セカンドで出られるだろう』と思っていたんです。でも、キャンプから小田が使われて、結果を残して自然とセカンド固定になりました。自分でも率直に『小田やな』と思いましたけど、自分も負けていない思いはありました。小田がケガをして、申し訳ないですけど『今がチャンスだ』と思いました。春はバッティングを考えすぎてダメだったので、考え方を変えました」

そして深見は、試合に集中するための極意を独特な語り口で教えてくれた。

「人間は『考えないようにしよう』とすると、『考えないようにしよう』ということを考えているので、悪い方向へ向かっていくと思うんです。なので、『考えないようにしよう』とも考えずに、次のプレーを想像することに集中していました。次に対戦するピッチャーの球筋や、バッターの打球をイメージして備える。いずれにしても何かを考えているんですけど、そうやって頭のなかでいい方向に転換できたような気がします」

東大との双青戦は、京大が7対2で快勝した。さらに翌8月16日には神奈川県に移動し、慶應義塾大と日吉《ひよし》グラウンドでオープン戦を戦った。

慶大は主力打者の萩尾匡也《はぎおまさや》（巨人）が欠場した以外は、3年生の廣瀬隆太《ひろせりゅうた》ら大半のレギュラー野手が出場。そんな強打線に対して、京大は先発した牧野が4回を1失点と好投。さらに西宇陽、青木健輔、連投の徳田と無失点でつないでいく。

一方、慶大はリーグ戦実績のある投手が登板しなかったとはいえ、京大打線は7回に期待の西村が同点タイムリーを放つなど2点を奪って逆転。さらに9回にはその西村が2ラン本塁打を放ち、リードを3点に広げた。試合は4対1で京大が勝利。東京六大学の2校に連勝し、関東遠征を締めくくった。

全国屈指の強豪である慶大に勝っても、選手たちは過度に喜ぶわけでもなく淡々としていた。京大主将の出口諒は、「自分たちのやるべきことをやれば勝てますから」と胸を張った。自分たちが目指すのは、あくまでもリーグ優勝。強豪に勝ったからといって、大喜びするわけにはいかなかった。

その一方で、投手を預かる三原の顔色は冴《さ》えなかった。牧野を筆頭に投手陣が好投したにもかかわらず、「逆にうまくいきすぎた気がします」と不安を抱えていた。

三原の悪い予感は、図らずも秋季リーグ戦開幕直後に発露するのだった。

第8章

ヘラクレスの引退騒動

関西学生ナンバーワン右腕の壁

2022年9月3日、秋季リーグ戦の開幕節。京大の相手は同志社大だった。春は土壇場で優勝を逃したとはいえ、京大にとっては2試合とも完封された分の悪い相手である。

京大の開幕スタメンには、夏場のオープン戦で結果を残した156センチの小兵・深見駿斗の名前が1番・二塁にあった。監督の近田怜王がポイントに挙げた下回生では、2回生の西村洪惇が2番・右翼、1回生の中井壮樹が6番・左翼で起用された。春のベストナインを受賞した小田雅貴はケガの回復が遅れ、開幕時点では控えの一塁手という立場だった。

京大の先発は絶対的エースの水江日々生、同大は春の京大戦で15奪三振の快投を見せた髙橋佑輔である。三原大知は髙橋を「リーグ内で一番いいピッチャー」と警戒心をむき出しにする。髙橋の恐ろしさを知る京大としては、ロースコアに持ち込む必要があった。

だが、初回から水江がピリッとしない。先頭の巧打者・川久保瞭太《かわくぼりようた》にヒットを許すと、二死二塁とピンチを迎える。ここで同大のチームリーダーである4番・青地斗舞にしぶとく二遊間を抜ける安打を打たれ、同大に先制を許してしまう。2回表には7番で起用された1回生の大型打者・知念大河《ちねんたいが》にバックスクリーンにソロ本塁打を浴び、早くも2点目を失った。

三原は水江の状態を見ながら、ため息を吐いた。春のリーグ戦を終えてから水江の状態が上がってこないことを懸念していたのだ。当然、水江本人も不調を自覚していた。

「夏場にカットボールの精度が悪くて、フォームを変えたり、ストレートの質をよくしようとしたり取り組んでいたんですけど、形にならないまま秋のリーグ戦に入ってしまいました。本来のテンポのいいピッチングを取り戻せませんでした」

それでも、水江は水江だった。たとえ状態が悪くてもピンチを最少失点で切り抜け、4回まで2失点とゲームメークした。

一方、同大先発の髙橋も春先ほどのボールの勢いがなかった。髙橋は「夏にいろいろと試しすぎて調子を崩したまま、上がりきらずに実戦に入ってしまった」と振り返る。

それでも、やはり髙橋も髙橋だった。1回裏に二死から伊藤伶真にヒットを打たれて出塁を許したものの、すぐさま鋭い牽制《けんせい》球で伊藤を刺している。

「京大戦に限らず、初めて出たランナーにはしつこく牽制しようと決めているんです。どの試合でも、だいたい3〜4回は牽制球を投げていますよ」

髙橋が京大打線でとくに警戒していた打者は2人。1人目はチャンスメーカーにもポイントゲッターにもなる伊藤。そしてもう1人は、意外にも片岡太志だった。髙橋は言う。

「（花野巧）監督が『こいつはいいバッターだぞ』と言っていたんですけど、自分もイヤなイメージがありました。春は不調でしたけど、去年よかった時は打たれた記憶があったので」

髙橋は毎回のようにランナーを背負ったが、丁寧なピッチングでピンチを切り抜けていく。だが、4回裏にハプニングが起きた。一死無走者で打席に伊藤を迎えた場面で、突然ゲリラ豪雨が吹きつけたのだ。グラウンドは一瞬にして水浸しになったが、一時的な降雨という運営側の判断で試合は長い中断に入った。髙橋は「試合中は誰とも話をしたくない」とロッカールームで談笑する仲間たちと離れ、一塁側ベンチに残って静かに雨が止《や》むのを待った。

中断は2時間以上に及んだが、エースの緊張感は切れなかった。試合再開後も髙橋はマウンドに立ち、ゼロ行進を重ねた。同大監督の花野は髙橋の投球を頼もしく見つめていた。

「ヒットを打たれても、点を取られる打たれ方はしていない。調子が悪い時でも、いかに抑えるかを考えながら投げてくれた」

一方、京大は三原の「投手陣全体を信頼している」という判断で、水江を4回で交代させている。中断明けの5回表から徳田聡、7回表から水口創太、9回表は牧野斗威と4回生の主力投手を惜しげもなく使い、同大打線に追加点を許さなかった。とくに水口は最速146キロの快速球と縦のスライダーを軸に3三振を奪い、バックネット裏のスカウト陣にアピールした。

同大は9回から髙橋に替え、3回生の真野凜風を投入した。天理高校では軟式野球部にいた変わり種だが、身長187センチの長身から最速152キロの快速球を投じる2023年のドラフト候補である。なお、高校時代には同じく栄光学園の軟式野球部だった、京大主将の出口諒と練習試合で対戦したことがあるという。

「栄光学園はめっちゃ強かったですし、出口さんも特徴的な顔をしているので覚えてました。『あ、あの足の速い人や』と思って、試合で会ったら声をかけさせてもらいました」

硬式野球への移行に手間取った真野だったが、髙橋ら意識の高い1学年上の投手陣に刺激を受けて急成長を遂げていた。真野は山縣薫にヒットを打たれたものの、途中出場していた小田を三塁ゴロの併殺打に抑えて試合を締めくくった。

京大は髙橋、真野の同大投手陣から計8安打を放ったものの、すべてがシングルヒット。最後までホームベースを踏むことができず、0対2の完封負けで開幕黒星発進となった。

帰国子女の元バスケ部サウスポー

翌9月4日の2回戦は、京大が牧野、同大は小倉悠史と4回生サウスポー同士の投げ合いで始まった。

この試合も先手を取ったのは同大だった。2回裏に一死一、三塁のチャンスをつくると、8番の星加健杜がレフトへ犠牲フライを打ち上げて1点を先制。そして京大にとって痛かったのは、続く9番・投手として打席に入った小倉の打席だった。左打者の小倉が初球から牧野のストレートをとらえると、打球はバックスクリーン右へと消えていった。小倉は「センターを越えるかなと思って全力疾走していたら、入ったのでビックリした」と語る。

その前日、降雨中断中に小倉はダッグアウト裏の素振りスペースで「明日はどんなフォームで打とうかな？」と、ひたすらバットを振っていたという。もともと打撃は得意で、同志社国際高校時代には高校通算10本を超える本塁打を打っていた。

投手の小倉に2ラン本塁打を浴び、京大は序盤から3点のビハインドを負った。三原は牧野の出来を見て、「恐れていたことが起きた」と感じていた。

慶應義塾大とのオープン戦で快投を見せた牧野だったが、三原には気がかりなことがあった。それはカット質の強かった牧野のボールが、素直な回転になりつつあったのだ。

「慶應戦は牧野にしてはコントロールが異常なほどよすぎました。ずっと見てきた身としては『できすぎで、逆にイヤやな……』と思っていました。コントロールが荒れながら汚い球でグシャッとバットを折るのが牧野の持ち味なのに、変わってきているなと。リーグ戦に入ったら、それが悪い方向に出てしまいました」

春は回転効率が60～70パーセントだったが、秋は80パーセントと数字が上がっていた。ボールの動きが小さくなり、関西学生リーグの強打者にとっては打ちごろのボールに変質していた。牧野はその後5回まで粘り強く投げ抜いたものの、3点を失った。

小倉は左ヒジに不安を抱えていた春に比べ、自信を持って腕が振れていた。夏場には社会人の都市対抗で優勝したばかりのＥＮＥＯＳとのオープン戦で快投し、自信を深めていた。

余談だが、小倉は父の仕事の都合で小学3年から中学2年までアメリカで生活した帰国子女である。「早く英語を覚えて溶け込めるように」とアメリカで野球を始めたが、中学2年で日本に帰国後は「バスケが楽しすぎて」とバスケットボールに興じた。同志社国際高校で再び野球を始めるとエースとなり、強豪とは言えない同校を春の京都ベスト8に導いている。

小倉は6回途中まで京大打線をわずか2安打に抑え、2番手の東山玲士にリレーした。東山も実力者らしく3回3分の1をほぼ完璧《かんぺき》に抑え、同大は2試合連続の完封リレー。京大戦に限っては春秋4試合すべて完封という、圧巻の内容だった。

京大にとっては悪夢のようなスタートになってしまったが、意外にも試合後の近田の表情は暗くなかった。

「正直、切り替えるしかないので。いい意味で完敗を認めて、リフレッシュして新たな気持ちで次の関大戦に向かわないと。ピッチャー陣が頑張っているのは希望ですし、優勝が消えたわけじゃありません。同志社以上の投手陣はいないと思うので、『いいピッチャーを見られた』と前向きに考えていくしかないですね」

京大打線に雪辱する司令塔

だが、近田の思惑通りに事は進まなかった。続く9月10日からの関西大節で、京大は1対5、0対4と痛恨の2連敗を喫してしまう。

春は首尾よく勝ち点を奪えた関大に対して、秋は完膚なきまでに抑え込まれた。京大が放った安打数は、2試合とも3本だけ。奪三振は1回戦が14、2回戦も13に上った。

春のシーズン途中から、関大は2回生左腕の金丸夢斗がエースに君臨していた。最速151キロの球速表示以上に伸びを感じさせる好球質で、インコースへホップするような快速球で右打者のバットを次々に折る投手だ。関西学院大監督の本荘雅章が「リーグで頭一つ抜けている2年後のドラフト上位候補」と絶賛するように、他大学から徹底マークされている。

そんな金丸も、「何を考えているのかわからないので、一番投げにくい」と京大打線に苦手意識を持っていた。それでも、1回戦で6回1失点とゲームメークする。

そして金丸をしのぐ快投を見せたのは、京大戦の2試合で計7イニングを被安打0、奪三振11、失点0と完璧なリリーフを見せた4回生左腕の辰己晴野である。辰己は春の京大戦で出口からクセを見破られ、三盗を決められた悔しさを晴らしたかった。

「京大はラクには勝たせてくれないので、チームとしてやりにくさがあります。春は三盗を決められて、『あぁ、やられた……』と気落ちしてしまった部分がありました。秋は変化球が大学に入ってから一番よかったので、ランナーを気にせずに投げられました」

金丸、辰己ら関大投手陣を好リードで引っ張ったのは、絶対的正捕手の有馬諒である。春は3試合で10盗塁と京大に足でかき回されたが、秋は「走ってくると思ってましたけど、そもそもランナーがあまり出なかったので」と余裕を持ってリードした。

有馬は巧みな配球で、京大打線の読みをことごとく外していった。有馬に配球論を聞くと、こともなげにこう答えた。

「確率の問題ですよ。たとえば辰己さんの場合は緩急を使えるピッチャーで、決め球に使える球種が真っすぐ、カーブ、チェンジアップと3種類もあります。3球種がすべて同じ割合ならバッターは絞りにくくなりますから。これが2球種だけなら5割になりますし、変化球がまったく入らないピッチャーなら真っすぐに絞れる。辰己さんのようにコントロールのいい球種が3種類あったのが、京大打線がハマった要因だと思います」

稀代《きたい》の名捕手・有馬諒の手のひらで踊らされ、京大の連敗は4に伸びた。それは早くも京大にとって優勝の灯がほぼ消え去ったことを意味していた。

まさかの引退宣言

いつものように主将の出口が全体練習を始めようとすると、山縣が待ったをかけた。山縣はぶっきらぼうに、「これからどう戦うん？」と疑問を投げかけた。ただならぬ気配の山縣に、4回生を中心に緊急ミーティングが開かれることになった。

山縣は率直に「優勝の可能性が限りなく小さくなったいま、何を目標に戦えばいいのかわからない」「これ以上グラウンドに出たくない」と本音を吐露した。4回生のなかで大学卒業後も本格的な野球を続ける予定なのは、プロ志望の水口くらい。すでに就職が決まっていた山縣にとっては、「リーグ優勝」がすべてだったのだ。

「春にベストナインを獲《と》れて、大学で野球を終えるなかで個人目標はなく、『優勝したい』という目標だけで頑張ってきました。4連敗した時点で優勝の可能性はゼロではないにせよ、極めて厳しい状況になって。もう、グラウンドに出て頑張れなくなっていたんです」

チームメートからはさまざまな意見が出た。「最後まで一緒に勝利を目指すべき」「レギュラーとして無責任じゃないか」。副将を務める田中陽樹は、控え内野手という立場から「おまえが出ないと勝たれへんし」と山縣に訴えた。

学生野球は最上級生の奮闘がクローズアップされやすい。野球人生にピリオドを打とうとしている選手ならなおさらで、活躍すれば「4年生の意地」などと報じられる。だが、山縣はそうした風潮を嫌悪していた。

「下回生の頃から『4回生の意地』とかいうのが好きじゃなかったんです。1回生だろうが4回生だろうが、頑張っている人は頑張っているので。頑張ってきた4年間の結果がそこにあって、それが現実じゃないですか。最後に『4回生の意地』と言われたって、僕は逆に『なんで今まで頑張ってないん？』と思ってしまうんです。薄情と言われるでしょうけど、『おまえらが頑張ってないから、こうなってるんちゃうん？』と」

最終的には野手陣を中心に「一緒に頑張ろう」という声が多数あがり、山縣は引退を撤回してプレーを続けることになった。

一方で、「もういいんじゃないか」と考えていた部員もいた。三原である。

「『山縣の考えを尊重していいんじゃないか？』と思っていました。山縣の思いも個人として理解できたので」

監督の側近、ヘッドコーチという立場から見ても、三原は山縣の苦しさを感じ取っていた。予兆は夏場の遠征時からあった。

「東大のピッチャーにカットボールで攻められて、山縣がきれいに打ち取られていたんです。リーグ戦でその攻め方をされるとイヤだな……と思っていたら、リーグ戦でも同じような攻め方をされてバッティングを崩していました」

三原は投手陣とは密にコミュニケーションを取り、関係を築いてきた。だが、野手陣とはそのような深い関係性は築いていない。「山縣は僕みたいなだらしない生活をしている人間のことが嫌いなんじゃないですか」と語るものの、ストイックに自分を追い込む山縣に対して敬意を持って接してきた。だからこそ、野手陣を中心に「最後までやろう」と訴えかけるウェットな感情とは対極の視点から、三原は山縣を見つめていた。

「ずっとベンチに入ってきて、選手の性格を見る立場にいるので、周りよりも性格面をわかっているつもりです。山縣に対して『最後までやろうよ』と思うのは理解できますが、山縣本人が望んでいることとは違うんじゃないかと思ったんです。優勝にこだわっているのは知ってましたし、チームが負けると誰よりも悔しそうな態度を見せていたのも山縣でした。近田さんの『優勝できなければ、2位も6位も一緒』という考え方に強く影響を受けていたのも知ってます。僕としては『早く降ろしてあげたほうがいい』と思っていました」

そして三原は、付け足すようにこう続けた。

「野手陣からは薄情と思われるんでしょうけどね」

図らずも、山縣と同じ「薄情」というフレーズが出た。主力選手とアナリストという対極の立場にいながら、2人はリアリストという性質で通じ合っていたのかもしれない。

「西村がいれば……」近田の誤算

立命大との1回戦で京大は打順を大きく変更している。

1番・山縣、2番・伊藤と春には中軸を担った4回生を切り込み役に。3番・セカンドには川越高校出身の2回生・庄倫太郎《しょうりんたろう》を抜擢《ばってき》。6番・ライトには近田から「ライトを守れるように準備してほしい」と言われ急遽《きゅうきょ》外野にコンバートされた小田が入った。

開幕戦からセカンドでスタメン起用された深見はベンチへ。いい当たりはあったもののノーヒットと結果が出なかった。ただし、近田は「二塁だけじゃなく、外野を含めてどこでも守れるので試合後半に出てもらったほうがいい」と深見の守備力に信頼を置いていた。

山縣のモチベーション低下だけでなく、近田には別の誤算もあった。2回生ながら「絶対的レギュラーになってほしい」と期待をかけていた西村洪惇が、同大節を終えた後の打撃練習中に手を負傷して離脱したのだ。

「伊藤、山縣、青木が警戒されるなか、西村がかき回してくれることを期待していました」

西村が抜けたことで、1回生の中井を5番など主要な打順で使わざるを得なくなった。潜在能力があるといっても、そこはまだ1回生。粗さが目立つだけに、近田としては「7〜8番に置いて気楽に打たせたかった」というのが本音だった。片岡、愛澤の打棒も振るわなかったため、中井にプレッシャーのかかる役回りを任せざるを得なかった。

立命大の先発は2回生の長屋竣大である。快速球を武器にする有望右腕は、秋はエース級の役割を期待されたものの本来の実力を発揮できずにいた。だが、そんな本調子ではない長屋であっても、京大打線は打ちあぐねる。4回までわずか1安打に終わり、5回表にようやく1点を先制したものの、タイムリーヒットを放ったのは投手の水江だった。打撃は苦手という水江だが、「低めの変化球かな?」と配球を読んでセンター前に打球を運んだ。

状態が悪いなりに最低限の仕事をする水江にしても、京大打線の低調は予想外だった。

「リーグ戦が始まるまでは、さすがにここまで点が取れないとは思わなかったです。春は『2〜3点に抑えれば勝てる』と思っていましたけど、秋は『1点取られたら負け』とプレッシャーがかかるなかで投げていました」

水江は5回まで6安打を浴びたものの、要所を締めて無失点に抑えた。三原は立ち上がりから目いっぱい飛ばした水江に替え、2番手に徳田を投入した。

しかし、今度は守備が足を引っ張る。7回裏に一死一塁からサードの伊藤がファンブルし、ピンチを広げる。立命大に犠牲フライを許し、試合は1対1の振り出しに戻った。

京大打線に立命大の強力投手陣から勝ち越す力はなかった。水江、徳田、水口の投手リレーで9回まで1失点に抑えたものの、タイブレーク（無死一、二塁から開始）となった延長10回裏に牧野がサヨナラタイムリーを浴び、京大は1対2で敗れた。

出口の見えないトンネルは、ますます深い暗闇へと続いていた。

立命館アナリストの結実

ほっともっとフィールド神戸に電車で向かっていた立命大の田原鷹優は、データ分析班のメンバーから連絡を受けて狼狽《ろうばい》した。

「えっ、愛澤が先発？」

2回戦のオーダー交換をしたところ、京大の先発投手がアンダースローの愛澤だとわかったのだ。立命大サイドは愛澤が春に捕手兼任で力を発揮したことは把握していたが、「秋は投げてこないだろう」と考えていた。それだけに、試合前からチーム内に動揺が広がっていた。

田原は急いでノートとペンを取り出し、愛澤に関する情報を思いつく限り書き殴った。

「愛澤は関西学生リーグで唯一のアンダースローです。ボールがあまり速くないといっても、普段見慣れない角度からボールが出てくるので手こずるだろうと思いました。球種は真っすぐとカーブ中心で、大まかな球速帯や特徴を走り書きしました。真っすぐとカーブに泳がされて打たされるケースが多いので、攻略のポイントは引きつけて逆方向に打つことだなと」

田原は球場に到着すると、すぐさまベンチ入りメンバーにメモを渡した。メモは立命大ベンチに貼られ、選手たちの目に入った。正捕手の星子海勢は「左の牧野がくると予想してアンダースロー対策をまったくしていなかったから、大丈夫かな？」と不安を覚えていた。

星子は田原のメモを参考にしたうえで、「右方向を意識しよう」と決めた。データ分析班の材料を心の拠《よ》り所にしつつ、フィールドでの感覚を大切にする。それが星子のスタイルだった。

春は守備中に腎臓《じんぞう》破裂の重傷を負ったため途中離脱。京大戦で勝ち点を落とし、リーグ最下位に転落する大きな原因になっていたが、秋の星子は体調万全だった。アナリストの田原も「星子がいるのといないのとでは、全然違うチームになる」と全幅の信頼を寄せていた。

その星子も、秋の京大には違和感を覚えていた。

「春と比べると打力が落ちているのかな。ファウルで粘ってくるところは一緒だけど、春ほどのプレッシャーを感じないな」

わずか3安打に封じた1回戦に続き、2回戦も谷脇弘起、秋山凌祐、藤本竜輝《ふじもとりゅうき》の好右腕のリレーで京大打線を5安打無失点に抑え込んだ。とくに右ヒジ痛から復帰した3回生右腕の藤本は、2回を投げて4奪三振と圧巻の内容。150キロ台中盤に達する快速球を見せつけた。

一方、打線は京大先発の愛澤に4回まで無安打と苦しめられたものの、7回表に星子が右中間を破るタイムリー三塁打を放つなど愛澤から計3点を奪って試合を決めた。

試合後、田原は選手たちからねぎらいの言葉をかけられていた。

「あのデータがあったから打てたよ」

同期や後輩からかけられる一言一言が、これまでの苦労やもどかしさを溶かしてくれるようだった。田原は「ようやくチームの輪のなかに入れたのかな」と達成感を覚えていた。

大阪桐蔭出身女子マネージャーの憂鬱

一方、開幕6連敗を喫した京大は優勝が完全に消滅。チーム全体がどんよりと沈み、とくに投手陣から野手陣への不満は募っていた。なにしろ6試合で2得点しか奪えておらず、そのうちの1得点は投手の水江のタイムリーだったのだ。

京大打線が湿った要因は、関西学生リーグの投手レベルの高さだけではない。春に5勝を挙げたことで、他大から研究されていたのだ。ポイントゲッターの青木悠真は言う。

「簡単な真っすぐを投げてくれなくなりました。関大戦も金丸からチェンジアップ、チェンジアップ、チェンジアップ……と特殊な攻め方をされて。他大から対策されたと感じました」

主将の出口がストレート対策を打ち出したことが功を奏し、春のリーグ戦で京大打線は結果を残した。だが、秋のリーグ戦では裏をかかれる形で変化球攻めが多くなった。

もちろん、京大としても変化球で攻められることは予想ができた。伊藤は「チーム内で『変化球が増える』と薄《う》っすら言っていたんですけど、もっとガッツリと言うべきでした」と悔やむが、もはや後の祭りだった。

1番で起用された山縣は立命大節の2試合で1安打に終わり、起爆剤にはならなかった。それどころか、全力疾走やバックアップを怠り、チーム内に悪影響を与えていた。ある下回生は「明らかに声を出す量が減って、やる気がないと感じた」と打ち明ける。

三原も「もう山縣を降ろしてやったほうがいいんじゃないですか？」と近田に進言している。それでも、近田は山縣を使い続けた。

「誰よりも優勝にかける思いが強い選手ですから、結果が出ないなかでしんどかっただろうと思います。開幕から4連敗して、あとは全勝しかない細い糸をつないでいって、山縣としてはほぼプチッと切れていたはず。個人としては早くラクにさせてあげたかった。でも、チームである以上、実力主義で戦うしかない。山縣がグラウンドに出てくる以上は使い続けないと納得が生まれません。4回生のなかで『勝つためには山縣が必要』という声があり、山縣本人が『どうしても無理』と言ってこない限りは使い続けようと考えていました」

山縣を降ろすよう提案する三原に対して、近田が「薄情」と思うことはなかった。むしろ「そのメンタリティーがなければ、背番号51をつけてやっていけない」と評価した。

チーム内には沈鬱《ちんうつ》なムードが漂っていた。4回生の女子マネージャーである八木朝子《やぎあさこ》はその重い空気を敏感に感じ取り、ため息を漏らす日々を送っていた。

「球場に行って、選手に『おはよう』と大きい声で挨拶《あいさつ》するだけで、ピリつくような反応があるんです。声を出す選手もいるんですけど、みんなだんだん静かになっていって。『みんな緊張してんな……』と感じていました」

おっとりとした雰囲気の八木は、チームをなごませる存在だった。マネージャーとして「楽しく、しっかりと」のコンセプトで、場を明るくさせようとする八木であっても重苦しいムードを払拭《ふっしょく》できなかった。

京大野球部のマネージャーは、硬式野球部のない大学の学生であれば入部できる。八木は奈良女子大に通いながら、京大野球部のマネージャーを務めている。

八木は体育会の部活に対して、もともと嫌悪感を抱いていた。強豪陸上部に所属した中学時代は、理不尽な縦社会と正月の三が日しか休みがない厳しい環境に辟易《へきえき》として退部。高校でも陸上部に再チャレンジしたが、やはり体質が合わなかった。

なお、八木が在学した高校は高校野球の大横綱・大阪桐蔭である。出身校だけを見比べたら、京大野球部の部員のなかでもっとも強そうに見えるのが八木だろう。

八木には忘れられない光景がある。

「桐蔭は芸術鑑賞会で宝塚《たからづか》（歌劇団）を全学年で見に行くんですけど、2階席に座った根尾くんにサインを求める行列がバーッとできて、両端の階段まで桐蔭の生徒で埋まったんです」

同じ高校と言えど、野球部員は「違う学校の人」という感覚だった。八木が在学していたⅠ類は国公立の難関大学の受験を目指す、学業最優先のコース。一方、野球部や吹奏楽部などの部員が在学するⅢ類は体育・芸術コースである。始業時間も違えば、教室のフロアも異なる。校内の購買店は一緒でも、「かかわりがなさすぎて、話しかけられなかった」と八木は語る。

とはいえ、甲子園球場のアルプススタンドで野球部を応援するのは楽しかった。3年生になると受験勉強が忙しく、夏の甲子園は応援に行くことが禁じられる。「お願いだから勝って」と念じた3年春のセンバツは優勝を飾り、八木はアルプススタンドで歓喜した。

一浪を経て奈良女子大に合格した八木は「もう部活なんてやらない」と心に決め、大学とアルバイトに明け暮れる日々を過ごした。だが、次第に八木は退屈を覚えるようになった。そして、「もう1回、部活をやってみようかな」という心境に達する。

「学生生活でやり残したこととして、部活が頭に浮かんだんです。中学、高校の失敗を克服したいと思って、体育会の部活でマネージャーをしたいと考えました」

ちょうど折よく、京大野球部がTwitterでマネージャーを募集しているのを見かけた。

「これは運命や！」と興奮した八木はすぐさま応募し、自宅は大阪、大学は奈良、部活は京都と３府県にまたがる生活が始まった。

野球漫画の影響か、一般的に「マネージャー」といえば華のあるイメージが浸透しているかもしれない。だが、京大野球部のマネージャーは事務作業が中心。ホームページ更新、広報、会計の３部門に分かれ、地味な作業に取り組む。八木は「誰でもできるけど、誰かがやらないといけないこと」に真剣に向き合った。下回生のマネージャーは「朝子さん」と慕ってくれて、４回生になると記録員としてベンチに入れるようにもなった。

「スコアを書いているので、スランプの選手は『ずっと打てていないな』とわかるんです。そんな選手にヒットが出ると、たまらなくうれしいんですよね。普通の大学生が遊んでるなか、野球部はずっと練習して、結果が出ずに泣いてる選手もいて。そうやってみんなで気遣いながら、チームができていく過程がすごくいいなと思えたんです」

いつしか、体育会への嫌悪は消え去り、「部活っていいな」という思いが芽生えていた。人間関係のもつれから「部をやめたい」と思ったこともあったが、部員から引き留めを受けて思い留《とど》まっている。引き留めた部員は、意外にも三原だった。

「のびのびやって、失敗しても俺が責任取るからいいよ」

八木は三原の存在を「女子っぽい」と評する。体育会の野球部にあって、中高と生物研究部の文化系だった三原は異色の存在だった。

「三原くんは男くさくなくて、こっちが『聞いて聞いて』と言いやすくて、話しやすかったです。彼は選手とマネージャーの垣根を取り払う存在になってくれました」

そんな八木は大学ラストシーズン閉幕が近づくにつれ、あるメンバーに連絡を取っていた。夏場からグラウンドに顔を見せなくなった、4回生の選手だった。

京大野球部では、毎年4回生のなかで試合に出られそうにない雰囲気を察知して、グラウンドから足が遠のく部員が出てくる。今年も24人の4回生のうち、1人の選手が野球部に籍は残しつつ幽霊部員と化していた。八木は「最後は全員で終わりたい」と考え、その4回生部員に公式戦に来るよう誘いをかけていたのだ。

「試合に来いというとけぇへんかなと思って、『ここで写真撮るから、準備して来てな』と小細工を使いつつ、呼び出したんです。今年の4回生は仲のいい代だったので、最後は全員で写真を撮りたいなと思って」

八木の願いは通じるのか。すべての答えは、シーズン最終戦に出るのだった。

山縣薫の決断

「久しぶりにメシ行こうか」

代打の切り札である梶川恭隆は、山縣を食事に誘った。酒を飲みながら、山縣は「もう、やめたいねんな」とこぼした。梶川は「薫がこうなったら、無理だな」と察しつつも、山縣の気持ちをつなぎ止めるために熱く激励した。

「今はやめたいと思うかもしれないけどな。5年、10年と経ってから思い返しても後悔しないならいいけど、実際には後悔するんじゃないの？」

そんな言葉にも山縣の意志が揺らぐ気配はなかった。「自分が出るより、後輩が出たほうがチームのためになるんやないの？」と梶川に反論した。梶川はさらに酒をあおり、アルコールの力を借りて山縣の説得を続けた。

その飲み会の直前、関西学院大との対戦でも京大は2対8、0対3と連敗を喫していた。春の対戦から「京大キラー」になっていた高波寛生が1回戦でも6打数4安打3打点と大暴れ。2回戦では3回生左腕の執行大成に5安打完封され、連敗は8に伸びた。

関学大の高波は、京大の異変を察知していた。

「春は西（隼人）のストレートを簡単にとらえられて、『どうやって守ればいいんだろう？』という感じでしたが、秋は打ち損じが多くてあまり怖さがなかったですね」

山縣は2試合とも先発出場したものの、8打数1安打に終わっていた。チーム内で山縣は腫《は》れ物のような存在になっていた。梶川の目には、山縣のモチベーションはもはや限界を迎えているように映った。

それでも、梶川は山縣と一緒にプレーしたいと願った。自分が4回生になって代打の切り札として活躍できたのも、山縣からトレーニング方法を学んだ影響が大きかった。部内で「群れたくない」と強い意志を持ち、黙々とトレーニングに励む山縣を梶川は尊敬していた。プライベートでは彼女の尻《しり》に敷かれがちな山縣に対し、女性に対して積極的にアプローチをかける梶川はタイプこそ異なったが、妙にウマが合った。

居酒屋で懇々と説得を続ける梶川に、意外な援軍が現れた。すぐ隣で飲んでいた見知らぬ中年夫婦が梶川の熱い言葉に感化され、ビールをおごってくれたのだ。

夫婦は梶川と山縣を激励し、店を後にした。そして梶川たちも帰宅するため会計をしたいと店員を呼ぶと、意外なことが告げられた。

「お会計はお済みです」

先の夫婦がビールだけでなく、梶川と山縣の会計すべてを済ませてくれたのだ。梶川は名前も知らない夫婦に感謝しつつ、「やさしい世界やな」と笑った。すると、山縣はこう言った。

「明日も練習に行く気になったわ」

その言葉を聞いて、梶川は「引退するのをやめてくれるかもしれない」と希望を抱いた。

一方、主将の出口は山縣に「どっちかにしてくれ」と進退を迫っていた。

出口は山縣の「優勝の可能性が消えて、モチベーションがなくなった」という考え方に「確かにな」と理解を示していた。だが、チームメートに引き留められて苦しむ山縣の姿や、気持ちが乗っていない山縣が試合に出続ける悪影響も感じ取っていた。

「後輩がのびのびできるチームをつくろうと1年間言ってきて、それが実現できなくなっていたと感じました。『明らかに気持ちが入ってない薫がなんで試合に出てるんだ？』というムードになっていた。薫も明らかに苦しそうだったので、『どっちかにしてくれ』と伝えました」

そして、最終的に山縣は「引退する」という決断を出口に伝えた。近大との最終節を前に、野手陣の大黒柱が抜けることになった。

山縣には、ある後悔があった。

「引退する前に、伊藤に話を聞けばよかったと思いました。伊藤も春にベストナインを獲って、秋はリーグ優勝だけを目標にしていたはず。あいつが何を目標にして頑張っているのかを聞いていれば、もっと冷静な判断ができたかもしれないし、もっと頑張れたかもしれない。伊藤の性格からして『無理してるな』と感じていましたし、副将という立場もあるので『無駄なことを考えさせるのもよくない』と思いました。4回生全員のミーティングで自分のエゴをグダグダと話してしまって……。みんなはやさしいから聞いてくれましたけど、伊藤と話してから言っていれば、また違ったのかなと思うんです」

胸にしこりを残したまま、山縣薫は背番号7のユニホームを脱いだ。

ちなみに、三原が「山縣は自分みたいなだらしない人間を嫌いなんじゃないか」と話していたことを伝えると、山縣は苦笑しながらこう答えた。

「だらしないと思ったことは微塵《みじん》もないですよ。生活態度がどうあれ、野球での仕事をやってくれれば別にいいですし。プレー経験がないのに野球部に入ってくるなんて、相当にハードルが高かったはずです。僕だったら他のスポーツのコーチなんてできないし、尊敬します。京大は私学と違って限られた資金力、環境、人材で勝負するしかないので、三原が3年間かけて投手起用の権限を任されるまでになったことに対してネガティブな感情はまったくなかったです。3年間ずっと客観的に投手陣の実力を見てきたはずですから」

「投手主任」最後のマウンド

シーズン終盤に向かうにつれ、揺れ動いていたのは山縣だけではなかった。

4回生右腕の手塚皓己は三原に、切実な様子でこう尋ねた。

「もう使う気がないなら、教えてほしい」

三原は悩ましい様子で、「使う気はないよ」と告げた。残酷な宣告だったが、手塚は「だよな」と納得していた。もう、目標の見えない日々を過ごすことに限界がきていた。

高校時代に甲子園に出場し、大型ルーキーとして期待を受けた手塚だったが、大学2回生の夏以降は苦しみ続けた。コロナ禍による全体練習休止期間に状態を崩し、立て直そうともがくうちに右肩を痛めた。コントロールも崩し、まともな投球ができなくなった。

4回生の春、大学ラストシーズンに集大成を見せるべく、キャンプから意気込んだ。小学生時からの先輩である池田唯央がブルペンキャッチャーを買って出てくれ、「このボールいいぞ！」と手塚を励ましてくれた。

だが、いいと思った感覚は長続きせず、一進一退が続いた。あまつさえトレーニング中に腰を痛め、リーグ戦の登板機会はさらに遠のいた。腰痛と戦いながら、7月には「ハマった」と手応《てごた》えを覚えた矢先にコロナに罹患《りかん》。体力が一気に落ち、復帰後の8月末に登板したオープン戦ではストライクが1球も入らなかった。

「フォームのバランスが悪くて、タイミングが合わへん。腕も振れへん。腰は痛いし、歩くだけで限界。もうズタボロや……」

手塚には投手陣全体の練習責任者として、「投手主任」という肩書もあった。同期の徳田から「師匠」というニックネームをつけられ、後輩からも慕われていた。先輩として示しをつけなければならない重圧もあった。大学の同期であり、高校の先輩でもある水口とルームシェアしていたが、食事中に愚痴をこぼす日が多くなっていた。

一方で、三原も手塚の処遇に苦慮していた。手塚が誰よりも苦しんだこと、投手主任として後輩に努力する姿を示してくれたこと、それらを間近で見てきた。三原にとってはアイドル、酒、麻雀《マージャン》と共通の趣味が多く、もっとも仲のいい部員でもあった。手塚の復活を誰よりも願ってきたのは、三原だった。

「オープン戦ではチャンスを与えられましたが、ほかにいいピッチャーもいるので、公式戦はそう簡単にチャンスは与えられません。引退の仕方までは責任を取れないですし、それぞれがやることですから。手塚、村尾（昂紀）、今井（駿介）、野﨑《のざき》（大地《だいち》）の４人には『正直言って、実戦で使える保証はないから、それをわかったうえで練習してほしい。引退してサポートに回りたかったら、言ってほしい』と伝えました」

三原の「使う気はない」という言葉は、投手としての死刑宣告に等しかった。もう練習に行かないという選択肢も十分に考えられた。それでも、手塚はグラウンドに通い続けた。

「体が元気やったら『最後まで頑張ろう』と思えたかもしれないですけど、腰痛がヤバすぎてやりたいことも満足にできない状態で毎日練習に来て、自分でも『意味わからん』と思ってました。でも、やめるのは簡単やけど、僕がそれを選択するのはキャラ的によくないのかなと。最後までガムシャラに練習する僕を『さすがっすね』と慕ってくれる後輩もいましたし、なんだかんだ最後の最後までやり抜こうと思っていました」

そんな手塚の姿を見た三原は、近大との最終節を前に「手塚を使ってください」と近田に直訴している。牧野、徳田といった同期も同様に訴えた。だが、近田の答えはノーだった。

「三原には『4回生のためにチームがあるわけじゃない』と伝えました。思い出づくりのために4回生を使うのは、優勝を目指すチームのあり方とは違うと、かたくなに突っぱねました。これを認めると、『4回生になれば使ってもらえるやろう』と思う選手が出てくるかもしれない。それは違うやろうと考えていました」

その代わりというわけではなかったが、近田は近大節の前に最後の紅白戦を組んだ。これがリーグ戦出場機会のない4回生にとって、実質的な引退試合になった。

久しぶりにマウンドに上がった手塚は、「ここで結果を残せば、リーグ戦のチャンスもあるかもしれない」と最後まで希望を捨てていなかった。ケガをして以来、満足な投球ができたことはなかったが、この日は違う感覚があった。

「試合のなかで久しぶりに130キロを超えて、この2年で一番強いボールが投げられました。やっぱり、気持ちが入っていたんだろうなと思います」

2イニングを投げて無失点。だが、2イニング連続で二死満塁のピンチを招く不安定な内容で、登板後に近田から「長いわ」と苦笑交じりに言われた。手塚は近田が最後まで戦力として自分を見極めてくれたことがうれしかった。

「投げたかったボールが投げられたこと自体、ここ数年にはなかったことでした。もっと早くこのボールを投げたかった、リーグ戦で投げたかったという思いはありますけど、最後は気持ちよく投げられてよかったです」

さまざまな人間の思いが交錯するなか、京大野球部は２０２２年最後の戦いへと向かっていった。

第9章 ラストゲーム

にわか仕込みのスイッチ転向

「右で打てるなら、試合に出すよ」

近田怜王は3回生の外野手・大川琳久にそう告げた。絶対的レギュラーだった山縣薫が引退し、中心打者の期待をかけた2回生の西村洪惇も故障離脱。外野手のコマが足りないなか、近田が目をつけたのは強肩強打の大川だった。

大川は関西学院大との1回戦で西隼人から2ラン本塁打を放つなど、急成長を見せていた。だが、右投左打の大川は左投手に対して「アウトコースが遠くに見えて、ストライクゾーンがはっきりわからなくなる」と大の苦手にしていた。最終節で対戦する近畿大は久保玲司、大石晨慈、森本昂佑、寺沢孝多《てらさわこうた》と左投手が多かった。ライトとして併用していた3回生の小田雅貴も0割台の低打率に終始しており、近田は大川の潜在能力に賭《か》けたのだった。

大川は済々黌《せいせいこう》高校出身。済々黌は熊本でもっとも歴史の古い高校で、野球部は1958年春のセンバツで優勝した実績がある。2012年夏、2013年春にもエース・大竹耕太郎《おおたけこうたろう》（阪神）を擁して甲子園に出場しており、文武両道がアイデンティティーになっている。

高校時代の大川はチーム内で2番手格の投手で、学業面は理系科目を得意としていた。野球部引退後は学習塾に通うことなく、不得意な国語、英語の文系科目を自習して京大農学部に現役合格している。済々黌の野球部員が京大に現役合格したのは初めての快挙で、教員や野球部関係者から手放しで称賛されたという。

京大でも当初は投手としてプレーしていたが、高校3年時に痛めた右ヒジ痛が癒《い》えず、2回生の6月から外野手に転向した。野手転向後、なかなか結果を残せない大川にとって、憧《あこが》れの存在だったのが同じ外野手の山縣だった。

「山縣さんと絡みがない人からすると、怖い存在だと思うんです。でも、僕はご飯に誘ってもらったり、2人で何かをすることが多かったりして、よくしてもらっていました。バッティングのことをいろいろと教えてもらって、『山縣さんみたいになりたい』と憧れていました」

秋のリーグ戦でセンター・山縣、ライト・大川の布陣で出場することもあったが、山縣のモチベーション低下を間近で感じ取り、話しかけづらくなった。優勝への思いが人一倍強いことを知っていただけに理解はできたが、「最後まで頑張ってほしい」というのが本音だった。

近田からスイッチヒッターの提案を受けた大川は、近大戦までの約2週間を右打席の練習に費やした。左打席では足を上げてタイミングを取るのだが、右打席では「足を上げるとバランスが崩れて強い打球がいかない」とノーステップ打法を採用した。

事実上の4回生の引退試合となった紅白戦には、右打者として出場した。4回生左腕・木村圭吾と対戦した1打席目に、いきなりセンター左を抜ける三塁打を放った。この瞬間、近田は

「大川を次の近大戦で使おう」と決めた。

10月15日、ほっともっとフィールド神戸での近大との1回戦、近田は大川を1番・センターで起用する。その決断が、京大野球部の歴史を動かすことになる。

エース・水江日々生の捲土重来

秋の関西学生リーグは、三つ巴《どもえ》の優勝争いが繰り広げられていた。近畿大（7勝3敗）、関西大（7勝3敗）、同志社大（7勝4敗）の3チームが、残り1節を残して勝ち点3で並んでいた。近大は関大との3回戦に及ぶ死闘の末に勝ち点を奪っており、監督の田中秀昌は春夏連覇に向けて「京大に連勝して、関大にプレッシャーをかけたい」と意気込んでいた。逆に京大に1敗でもすれば、優勝が遠のくことを意味した。

試合が始まって間もなく、近大ベンチはにわかにざわついた。

「大川ってスイッチなん？」

関学大のエース右腕・西から左打席で本塁打を放ったシーンは、近大の選手たちにとっても印象的だった。だが、この日は近大先発の久保に対して、大川は右打席に入っている。大川は久保のボールをとらえ、レフトにフライを上げてアウトになった。

「左打席に立った時と全然違って、ボールがよく見えるな」

アウトにはなったものの、大川は今までにない好感触を抱いた。何よりも、三振以外の結果が出たことが大川には「やっていけるな」と自信になった。

京大の先発マウンドに上がったのは、エースの水江日々生である。秋のリーグ戦は0勝3敗と苦しんだ水江だったが、「立命くらいからマシになってきた」と復調気配があった。

ブルペンでの水江の投球練習を見た三原大知は、「今シーズンで圧倒的に一番いいな」と評価した。球速は140キロ程度でもボールに強さがあり、制球も安定していた。

シーズン最終節ということもあり、水江は「初回から全部三振を取ろうかな、というくらい飛ばした」とフルスロットルの投球を見せる。1番の梶田蓮、2番の勝田成《かつだなる》と打撃力のある左打者を2者連続空振り三振に仕留めた。セカンドゴロに打ち取られた3番・坂下翔馬は「慎重にいかなアカンな」と危機感を強めた。

「絶対に三振しない梶田さんやバットに当てるのがうまい勝田が三振したので、『ちょっとヤバイな』という空気はありました。みんな『今日の水江はいいな』と感じたはずです」

水江は近大の強打線を相手に、3回まで打者9人パーフェクトに抑えた。捕手の愛澤祐亮は、しみじみと水江という存在の大きさを実感していた。

「水江がマウンドにいる時はバッターを中心にリードできる。バッターの反応を見ながら、取りこぼしがないよう苦手なところを突いて、テンポよくピッチングが組み立てられる。テンポが単調にならないように、逆に間合いを空けて打ち気をそらしたり、少ない球数で簡単に2アウトを取ってからど真ん中でストライクを取って挑発したり。これが水江だよな」

そんな水江をサポートするため、愛澤は「自分の役目はバッターと水江を勝負させないこと」と考えていた。強打者に対してあえて3〜4球連続してストレートを要求し、水江に対する技巧派のイメージを逆手に取ることもあった。相手打者の脳内に、常に捕手である自分が介在するよう愛澤はリードを考え尽くしていた。

京大は3回裏に最初のチャンスを迎える。先頭の7番・庄倫太郎、8番・愛澤が連打で出塁し、9番の水江が送りバントを決める。そして、右打席に大川が入った。

大川はカウント1ボール、2ストライクと追い込まれたものの、前の打席で得た好感触はいまだに残っていた。「完全に当てにいった」という打球は、ファースト横へと飛んだ。この打球が強襲内野安打となり、三塁走者の庄だけでなく、二塁から愛澤までもが生還。京大が2点を先取し、今までにない滑り出しになった。

水江の快投は続く。4回表に坂下に初ヒットを許すなどピンチは迎えるものの、要所を抑えて持ち味を発揮する。6回まで近大打線を被安打4、無失点に封じた。

4回生・途中出場組の躍動

6回裏、先頭打者の代打・平山統《ひらやまわたる》がレフト前ヒットで出塁すると、代走として主将の出口諒が起用された。

悪夢の開幕8連敗、山縣の引退騒動でチームは揺れに揺れたが、出口の心もまた揺れていた。春の関大戦では先発メンバーとして3試合で4盗塁を決めたものの、シーズン途中からベンチを温める機会が増えていた。秋のリーグ戦前には近田から「代走の切り札」に指名され、出番を待ち続けた。ところが、打線が振るわないチーム事情もあり、出口の出場機会は訪れない。

「おいおい、いくら切り札と言われても、使われなければ意味ないじゃん……」

気持ちを立て直して試合会場に向かうが、自分の出場機会がないままチームは敗れる。失意のまま帰宅し、「今日も出られなかった」と敗北感に打ちひしがれる。その繰り返しだった。

開幕から6試合目まで、出口の出場数はゼロのままだった。

監督の近田に対する不満はなかった。誰よりも優勝を目指し、選手の意思を尊重してくれる指揮官だと信じていた。そんな近田に主将として、プレーヤーとして何も恩返しができない自分が情けなかった。

3番・伊藤伶真が打席に立って2球目、出口は敢然とスタートを切る。近大の捕手・西川勇《にしかわゆう》太《た》の二塁送球も及ばず、出口は盗塁に成功した。

伊藤が送りバントに成功し、4番の青木悠真が空振り三振。二死三塁となり、今度は近田によって代打の切り札・梶川恭隆の起用が告げられた。

出口と同様に、梶川もまた出番に飢えていた。春の近大戦で満塁本塁打を放ったが、秋はここまで5打席でノーヒット、2四球に終わっていた。それでも、「状態は悪くない」と自信を持って打席に入った。

久保が初球に投じた外角低めのストレートに、梶川はバットを出す。打球はセカンド、ショート、センターの3人の間に落ちるポテンヒットになった。梶川にすれば「ミスショット」という感覚だったが、ちょうどいい場所に落ちてくれた。

三塁から出口が生還し、京大は貴重な追加点を奪った。出口は「カジが還してくれて、4回生として点を取れたのがうれしかった」と語る。

7回裏にも4回生が躍動する。今度は途中からショートのポジションに入っていた片岡太志である。二死一、三塁のチャンスでセンター前にタイムリーヒットを放ったのだ。

考えすぎる傾向がある片岡は、春に続き打撃不振に悩んでいた。1回生の細見宙生に遊撃ポジションを譲る機会も増え、存在感が薄くなっていた。だが、片岡のなかでは「結果は出なくても、少しずつ感覚がよくなっている」という実感があった。

片岡はその過程を、片岡らしい言い回しで解説するのだった。

「いろんなバッティングをやっていて、『これが正解だ』と思ってはダメ、正解だ、ダメ……の繰り返しでした。僕はスイングする時に体が早く開くクセがあって、オープンスタンスからピッチャーに向かって真っすぐ踏み出して打つようにしていたんですけど、どうも打ちづらさを感じていました。そこで『オープンスタンスから、開いたまま打ったほうが素直に打てるんじゃないか？』と思って打ってみたら、しっくりきたんです。最後の最後に自分にとっての『正解』が出たと思いました」

体が早く開く打撃フォームは、野球界の原理原則では「不正解」とされる。片岡もそう信じてきたが、野球人生の終幕が近づくにつれ、自分にとっては「不正解」が正解であることに気づかされた。今まで「開かないようにしよう」と窮屈に考えていたのを「開いていい」と考えるようになり、片岡は今までになく自由にスイングできるようになった。

「自分が気持ちいい形で振れれば、いい打球は打てるんだな」

考えに考え、悩みに悩んだ片岡だからこそ、たどり着けた境地なのかもしれない。

4対0とリードした京大は、8回から水口創太がリリーフのマウンドに上がった。シーズン後半になるにつれて状態を高めていた水口は、近大の反撃を1点に抑えて試合を締めくくった。それは秋のリーグ戦9試合目にして、京大が挙げた初勝利だった。

監督にも毒舌を吐く近大主将

2回戦の近大の先発マウンドを任された小寺智也は、並々ならぬ覚悟でマウンドに上がっていた。

「これが大学最後のマウンドになるかもしれん。とにかく向こうに流れを与えなければ勝てる。優勝するためにも、絶対に負けられへん」

小寺は京都の名門・龍谷大平安《へいあん》の出身で、高校3年夏には最速147キロをマーク。甲子園でも2勝を挙げた有望右腕だった。近大進学後は3回生の春までに通算4勝を挙げるなど、順調に実績を積み上げていた。一時はフォームを崩して低迷したものの、最終学年で立て直して秋のリーグ戦ではエースの久保に次ぐ2番手格として活躍していた。

投手ながら主将の重責を担っているのは、田中が「監督の私にも気持ちよく毒舌を吐いてくる」と評するように、チームの問題点を見抜く視点と先輩にも物怖《ものお》じせずに提言できる発言力があるから。雨天コールドに終わった「雨の惨劇」でも、小寺は「もう点取らんでええのにバカ打ちして、もうちょっと考えろよ」と毒を吐いていた。

小寺は主将就任時、近大生の「1球に対する思い」に不満があった。

「近大は選手のレベルは高くても、平安の練習のほうが意識は高いと思いました。たとえばノックなら『絶対にストライクボールを投げる』と強く意識して、投げられなければ『もう1球!』。練習から緊張感があったので、試合ではむしろ緊張しませんでしたから」

小寺の目には、近大の選手たちはその日の調子によって「いい」「悪い」が左右されているように映った。調子が悪いとあからさまにプレーが軽くなり、態度に出てしまう。小寺は「波をなくそう」とチームメートにしつこく説いた。

「プレーに波があれば、試合に出ます。1球1球を大事にして、守備はできることを100パーセントやろうと言いました。野球は0点に抑えたら勝てるので」

小寺が主将になって以降、チームの意識は確実に変わった。監督の田中は「狙い通りの組織改革ができた」と小寺を高く評価する。春の京大3回戦で小寺に最終回のマウンドを託したのも、「優勝の瞬間にマウンドに立ってほしかった」という親心だった。

復調の兆しが見える京大打線が相手でも、小寺はスキを見せなかった。

「京大が相手だと、監督によく言われるんです。『勉強で負けて、野球でも負けるのか?』と。もちろん負ければプライドが傷つきますけど、京大だからといって侮ることは全然ないですね。技術的に強いチームなら気合が入りやすいですが、技術的に少し下のチームだと、人間として気持ちが緩む部分もあります。だからこそ、自分は京大戦の時に『絶対に気を抜くなよ』とチーム内で強く言い聞かせています」

周囲からは軽い調子で「京大が相手なら楽勝でしょう？」と言われることもある。だが、小寺はそのたびに「ちゃうねん」と答えるようにしている。

「実際に戦っている人には、京大のやりにくさがわかると思います。僕からすると、京大は不気味なイメージ。ベンチの壁にすごい量のデータの紙が貼ってあるのを見て、いつも『えぐいな』と思ってました。何を書かれているかはわからないんですけど、京大なので『なんか得体の知れない、すごいことが書かれてあるんかな？』と思ってしまいます」

京大のデータ分析に警戒感を覚えた小寺は、立ち上がりから慎重だった。そんな小寺を近大の野手陣も援護する。京大の1番打者・細見がライト前ヒットで出塁すると、この日スタメンに起用された2回生捕手の木《き》森航大《もりこうだい》が好送球で盗塁を阻止。さらに2番・田村尚希にもフルカウントの末に四球を与えるが、またも木森が二盗を阻止してみせた。

好守備を見せた木森だが、監督の田中からは打撃力を買われて抜擢《ばってき》されていた。

「この代は4回生の黒川《くろかわ》（直哉《なおや》）を正捕手にと期待していたのですが、2回生の冬に目にボールが当たってから、回復に時間がかかってしまいました。西川（勇太）、大杉《おおすぎ》（渉太《しょうた》）の4回生と木森を併用する形になっていました」

この日6番に入った木森は、打撃面でも輝きを放つ。1回裏に二死満塁で打席に入ると、京大先発の徳田聡からセンターへ走者一掃のタイムリー三塁打を放つ。近大は2回裏にも竹谷理央がソロ本塁打を放ち、早くもリードを4点に広げた。

初回こそバタついた小寺だったが、2回以降は落ち着きを取り戻した。普段は打たせて取るタイプだったが、この日は「ボールがキレていた」と空振りが増えた。ストレート、カットボール、スプリットと持ち球が効果的に決まり、7回までに10奪三振。小寺の好投もあって、試合は近大のワンサイドゲームになった。

京大は西宇陽、木村圭吾のリリーフ陣も失点し、点差が9まで広がった。ベンチでは、近田と三原によって早くも3回戦に向けた投手起用の話し合いが始まっていた。近大に勝つにはロースコアに持ち込むか、総力戦しかない。そこで、できる限りベンチ入りする野手の枠を増やしたかった。三原も近田も、ベンチに入れるべき5人の投手の名前が一致していた。

水江日々生、水口創太、牧野斗威、徳田聡、愛澤祐亮。この5人で負けたら仕方がない。それほどの信頼感を近田と三原は寄せていた。

試合は0対9で終了。京大にとっては4安打に抑えられ、14安打を浴びる惨敗だった。だが、中2日空けて南港中央野球場で行われる3回戦は、史上まれに見る大乱戦が繰り広げられる。

近田怜王、32歳のケジメ

この近大との2回戦が始まる直前、近田は球場に向かう前に役所に寄っていた。交際していた女性と婚姻届を提出するためだ。

なぜ10月16日の提出になったのか、いくつか理由があると近田は照れ臭そうに説明する。

「野球のことは関係なくて、奥さんのタイミングであの日になりました。16日は初めて一緒に食事に行った日で、ちょうど1年後の記念日でもあったんです。それと、奥さんの誕生日が10月17日なんですけど、『1歳でも若い時に結婚しておきたい』と言っていたので。奥さんは保育士なので日曜日が休みですし、16日がちょうどいいなと。もちろん、あわよくば近大に連勝してから帰りたかったんですけど」

野球選手としての自分を知らない女性との結婚だった。京大野球部内では祝福とともに、「三原とデキていたわけじゃなかったんだ……」と若干ざわついたという。それほど近田と三原は、四六時中行動をともにしていたのだ。

翌17日には、近田の結婚がスポーツ新聞社のネットニュースで報じられた。多くの知人、関係者から祝福や反響が寄せられ、近田は戸惑いを隠せなかった。

「監督としての記事ならわかるけど、俺、サラリーマンなんですけど……」

つかの間の祝福ムードを味わった後、近田は2022年ラストゲームに向けて気持ちを切り替えた。三原には「後手後手ではなく、相性を見ながらいいピッチャーから使って、先に仕掛けていこう」と指示を出した。

すでにリーグ最下位は決定している。それでも、近大から勝ち点を奪えば、京大にとって史上初の出来事である。来季に向けて希望を残すためにも、どうしても勝ちたい試合だった。

スタンドから見える景色

試合開始前から、マネージャーの八木朝子は笑顔だった。この日、幽霊部員と化していた4回生が八木の招集に応じてスタンドに顔を出してくれたのだ。八木は口実だった写真撮影を終えると、「このまま試合を見いひんとか、考えられへんから」と部員を強く引き留めた。

「これで最後は4回生全員で終われるな」

そんな安堵《あんど》を覚えながら、八木は記録員としてベンチに向かった。

応援スタンドには、近大節を前に引退を決めた山縣の姿もあった。メガホンを持ち、スタンドから声援を送るのは3年ぶり。「なつかしいな」という感情がこみ上げた。

下回生からは明らかに気を遣われている様子が伝わってきた。だが、普段から親しくしている3回生外野手の志々田《ししだ》滉大《こうだい》が、「あれ、なんでスタンドにいるんすか?」と大仰な口調でイジってくれたのはありがたかった。

「正直言って、もうOBとして試合を見てる感覚でした。まだ4回生なんですけど、心はOBというか。普通に『頑張れ』と思いながら応援していました」

それでも、近大1回戦で勝利したチームを目の当たりにして、複雑な感情がこみ上げた。

「『あれ、いらんかったやん』って思ってしまいました。(引退まで)2節引っ張っても、チームにいい影響をもたらせなかった自分はなんだったんだって。僕がいなくなった瞬間にすぐ結果が出たので、自分の存在意義を否定されたような気分になりました」

それでも、自分の代わりにセンターを守ってくれる大川が活躍したのは、救いになった。山縣は大川に対して「ちゃらんぽらんだけど、やる時はやる男」と評価し、かわいがってきた。真剣な表情で打席に立つ大川を見て、「今が伸びる時やな」と頼もしく感じていた。

両チームの先発メンバーは次のように発表された。

近畿大

⑧梶田蓮(4回生/三重/右投左打)

④勝田成(1回生/関大北陽/右投左打)

⑥坂下翔馬（3回生／智《ち》辯《べん》学園／右投左打）
⑨谷口嘉紀（4回生／神戸国際大付／右投右打）
⑤東原成悟《ひがしはらせいご》（3回生／福知《ふくち》山成美《やませいび》／右投右打）
②木森航大（2回生／市尼崎《あまがさき》／右投右打）
⑦竹谷理央（4回生／星稜《せいりょう》／右投左打）
③榎木貫太（3回生／大阪桐蔭／右投左打）
①久保玲司（4回生／関大北陽／左投左打）

京都大
⑤細見宙生（1回生／天王寺／右投左打）
⑨小田雅貴（3回生／茨木／右投右打）
③伊藤伶真（4回生／北野／右投右打）
⑦中井壮樹（1回生／長田《ながた》／右投左打）
⑧大川琳久（3回生／済々黌／右投両打）
④庄倫太郎（2回生／川越／右投右打）
②愛澤祐亮（4回生／宇都宮／右投左打）

⑥中嶋立樹（2回生／金沢泉丘／右投右打）
①水江日々生（3回生／洛星／右投右打）

デッドゾーン突入

「今日はストライクゾーンが狭いな……」

立ち上がりから、水江は球審との相性の悪さを感じ取っていた。中2日での先発マウンドで体は重かったが、それ以上に球審のストライクゾーンの狭さに苦慮した。

「縦の変化球は取ってくれるんですけど、カットボールのような横変化をボールにされてしまって。狭いゾーンを真っすぐとカットで勝負するしかないのは、キツいなと」

水江は先頭の梶田に四球を許すと、中軸の坂下、谷口に連打を許して1点を奪われる。ブルペンでは水口が初回から準備を始めていた。水口は秋のリーグ戦で好調をキープしており、最終戦に向けて気合も入っていた。

「後輩が優勝することを考えれば、今まで勝ち点を取ったことがない近大から勝ち点を取るのは価値がある。そのステップのためにも、絶対に勝ちたい」

京大は1回裏に大川が押し出し四球を選んで同点としたものの、3回表には木森の犠牲フライなどで2点を勝ち越される。すると、早くも三原が動いた。4回から水口を投入したのだ。

水口は「めちゃくちゃ調子がいいな」と感じながら、4回、5回と無失点に抑える。

だが、6回表に落とし穴が待っていた。一死一塁の場面で、この日ファーストに入っていた伊藤が久保の送りバント処理を焦ってエラー。一死一、二塁とピンチが広がる。ここで打席に入ったのは、1番の梶田。リーグ屈指のアベレージヒッターであり、水口にとっては「リーグで一番苦手」と相性の悪い打者だった。

梶田がとらえた打球は、センターへと飛んだ。水口は「外野フライになるかな」と感じたが、予想外にも打球はぐんぐん伸びていく。そしてセンターの大川の頭上を越え、2人のランナーが生還する三塁打になった。この時点で1対5と、点差は4点に広がった。

「厳しいな……」

三原はふうと息を吐き出した。春秋のリーグ戦を通じて、4点以上取られて京大が勝った試合はなかったからだ。投手陣が踏ん張ってロースコアに持ち込み、競り勝つのが京大の勝ちパターン。その構想が崩れ、三原は京大の勝利が極めて難しくなったと悟った。

それでも、「一番失点を抑えられる順番で使っていくしかない」と割り切るしかなかった。

7回からは左腕の牧野を投入し、近大打線を封じにかかった。

幻のホームラン

一方、近田は不思議な心境で戦況を見守っていた。

「点差はあっても、負ける気がしませんでした。切り札の出口、梶川を残していたので、どこかのタイミングで突破口をつくれば、いけるなと考えていました」

とくに代打の切り札である梶川をどこで使うか。試合終盤に入り、近田はその一点に集中して展開を見つめ続けた。

7回裏、先頭の愛澤がセンター前ヒットで出塁。打順は打撃力の弱い8番の中嶋に回り、近田は右打者の代打を出そうと決めていた。梶川の顔がチラついたが、ここで近田は1回生の谷《たに》口航太郎《ぐちこうたろう》の名前をコールする。

「梶川は体力的な不安があって、外野とベンチの往復をさせるとしんどいんです。オープン戦でも2〜3打席立たせると、どんどんキツくなっていくので。7回に梶川を使ってしまうと、8〜9回にもう1打席回ってきた時にベストの力を出せないと判断しました」

谷口はクセのないスイングができ、近田は「代打で使えるな」と考えていた。近田は監督ながら日頃から打撃投手を務め、打者のクセや成長を感じ取っている。谷口本人は「右ピッチャーのほうが得意です」と語っていたが、近田は左腕である自身の体感を通して「谷口の引っ張り込めるバッティングなら左ピッチャーでも通用する」と感じていた。

無欲の1回生は、近田の期待に応《こた》えてみせる。谷口は久保のファーストストライクを思い切りよく引っ張り、レフトへタイムリー二塁打を放った。

この谷口の活躍に「俺も打たんわけにはいかんやろ」と触発されたのは、この日2番でスタメン起用された小田だった。小田は谷口の茨木高校の2年先輩である。春のベストナイン受賞から一転、感覚のズレにより大不振に悩まされた小田だったが、状態は上向いていた。

「ケガをしてからスイング軌道にズレが出てしまって修正できずにいたんですけど、前の関学節でようやくヒットが1本出て、少しずつ感覚をつかんでいました」

この日も3打席目にいい当たりのライナーを打っており、手応えを深めていた。二死二塁とチャンスが続くなか、右打席に入った小田は「インコースのストレートを狙おう」と照準を絞った。カウント2ボール1ストライクから、狙い通りの球が入ってきた。

小田がバットを振り切ると、打球は勢いよくレフト後方へと伸びていくライナーになった。打球の行方を見ながら全力疾走する小田は、白球がレフトフェンスを越え、スタンドに勢いよく突き刺さったように見えた。

「よっしゃ〜、入った！」

京大ベンチから主将の出口をはじめ、メンバーからの歓声が聞こえてきた。「やった、ホームランだ」と喜びかけたが、レフトの竹谷がフィールドに落ちたクッションボールを尋常ではないスピードで処理している姿が見えた。小田は慌てて二塁まで全力で駆けた。

近田の目には「ホームランやな」と映っていた。だが、審判の判定は「フェンスに当たった」というもの。すわ2ラン本塁打だと色めき立った京大ベンチは一転してぬか喜びとなり、三原は「やっぱり今日のウチにツキはないんかな」と落胆した。

ここで近大は久保に替え、2番手に左腕の森本昂佑を起用。森本は続く伊藤を空振り三振に抑え、ピンチを切り抜けた。

牧野斗威が放った最高の1球

3対5と2点差に迫り、もうこれ以上点はやれない。そんな極限状態が、牧野の神経をいつも以上に研ぎ澄ました。

防御率0・00と大活躍した春から一転、秋のリーグ戦で牧野は苦しんでいた。本来なら右打者の内角に食い込むようなカット質のストレートが、素直な回転になっていた。

マイペースで扱いの難しい牧野に対し、三原は混乱を招かないようボールの回転について一言も触れないようにしていた。そして、近大との最終節を前にこんなアドバイスを送った。

「コントロールは意識しないでいいから、思いきり腕を振ってくれ」

三原のシンプルな言葉に、牧野は「失敗してもいいか」と開き直ってマウンドに上がることができた。思いきって左腕を振ると、ストレートが今まで以上によく動いた。カット質のストレートが蘇《よみがえ》り、牧野は自分の投球を取り戻した。

8回表の守備も二死走者なしとなり、1番の梶田を打席に迎えた。カウント1ボール、1ストライクになった場面で、捕手の愛澤がスプリットのサインを出した。このボールは「ストレートがカットする分、シュート系に変化するボールがほしいね」という三原のリクエストに応じる形で、牧野が習得した変化球だった。

左打者の梶田のヒザ後方に愛澤が構える。牧野がスプリットを投じると、ボールはシュートしながら梶田のインコース低めへと落ちていった。バットコントロールのいい梶田がとらえた打球は強い当たりになったものの、ファーストゴロになった。

その結果を見届けて、牧野は「やっとできた〜！」と叫びながらベンチに帰ってきた。

「いい当たりをされたし、はたから見たら不安を覚える投球だったと思うんです。でも、左バッターのインコースへのスプリットは、三原に言われてからずっと練習してきたボールでした。最後に100パーセントの抑え方ができて、本当にうれしかったです。忘れることのできない、最高の1球でしたね」

大はしゃぎする牧野を見て、三原はこみ上げるものを抑えられなかった。

「これで最後なんやな」

リアリストの三原としては珍しく、センチメンタルな感情に支配されていた。自分の思い描いた打ち取るイメージを牧野が体現してくれたことが、それほどうれしかったのだ。

代打の切り札の熱視線

9回表は4番手の徳田が無失点に抑え、京大は3対5と2点ビハインドのまま最終回の攻撃を迎えた。近大はこの回から3番手として、左腕の大石晨慈がマウンドに上がっている。

「プロに行きたいなら、ここをしっかり抑えて当たり前。明日のドラフトに向けて、最後にいいところを見せてみい」

近大監督の田中は、そんな期待を込めて大石を送り出している。翌20日にはプロ野球の新人選手選択会議、通称ドラフト会議が控えていた。近大からは久保や大石など3選手がプロ志望届を提出している。この試合は優勝がかかった一戦であると同時に、プロ志望の選手にとってはバックネット裏に視察に訪れたスカウトに向けた最後のアピールの場になる。

ところが、大石は重圧を感じたのか、交代直後からピリッとしない。先頭の愛澤に対して、カウント3ボール1ストライクから、四球を与えて出塁を許した。

続いて途中出場していた片岡が二塁ゴロを打ち、ランナーが入れ替わって一死一塁。打席には、やはり途中出場していた9番の青木悠真が入った。

本来なら中軸を任される打撃力がある青木だが、近大との2試合では6打数0安打と当たりが止まっており、この日は先発メンバーを外れていた。それでも、近田からは「どこかで絶対に出番はあるから」と告げられ、気持ちを切らさずに準備を続けていた。

「当てるだけだと、内野の頭は越えない。ボールに負けないようにしっかりと振りきって、弾《はじ》き返そう。そうすれば、相手バッテリーへのプレッシャーにもなる」

この日も半袖《はんそで》のアンダーシャツで試合に臨んだ青木は、大石の甘く入ったボールを見逃さずに強くコンタクトする。打球はセンターへと飛ぶ二塁打になった。京大にとっては一死二、三塁と同点のチャンスである。近田は迷わず二塁走者の青木に替え、出口を代走に起用した。

ここで近大ベンチは大石をあきらめ、3回生左腕の寺沢孝多を起用する。

京大ベンチの近田は、熱い視線が自分を突き刺してくるのを感じた。梶川がじっと近田を見つめ、アピールしてくるのだ。

「梶川がずっと『俺だろう』という目でこっちを見ていました。ただ、梶川はランナーが詰まっている状況で使わないと、敬遠される恐れもあります。ここは勝負してもらえる1回生の細見をそのまま打席に立たせたほうがいいと考えました」

1番打者で起用された細見は1打席目でもヒットを放っており、好調だった。2回戦でも2安打と気を吐き、近大の選手たちも細見に注目していた。対戦した投手の小寺は「低めの変化球にも反応しないし、めっちゃええバッターやな」と評価し、同じショートの坂下は「ノックから動きが違う。この子めっちゃセンスあるな」と称賛する。

天王寺高校から一浪を経て京大に入学してきた166センチの小兵は、この大舞台でも臆《おく》することなくバットを振り抜く。三塁強襲のタイムリー内野安打となり、三塁から片岡が生還。4対5と1点差に迫り、なおも一死一、三塁とチャンスが続いた。

そして、近田は満を持して梶川を代打に起用する。梶川はようやく訪れた出番に上気しながら、ゆっくりと右打席に向かった。

「責任は理解していますけど、こんなヒリヒリする打席に立てるのが楽しくて。試合の行方を左右する場面で使ってもらえて、監督に感謝していました。あとは『なんとしてもランナーを還すんだ』という気持ちで打席に入りました」

新チーム結成時に「なんで僕がBチームなんですか？」と食い下がってきた梶川だが、近田に対しての感情は「認められたい」というものから「信頼に応えたい」というものに変わっていた。最高の準備を整え、梶川は打席に入った。

初球のスライダー、2球目の外角へのストレートと2球連続で外れた。「寺沢なら、スライダーでストライクを取りにくるかも」と狙っていると、真ん中付近にストレートがきた。打ちにいこうとしつつも、瞬時に「差されるかも」と判断してやめた。続いて厳しいインコースにストレートが決まり、カウントは2ボール2ストライクとなった。梶川は2ボールから一貫してスライダーを待っていたが、5球目のスライダーはワンバウンドとなり見送る。フルカウントになっても、梶川は「心はさざ波一つない」と理想的な心理状態にあった。

「これで寺沢を追い詰めたな。最後は真っすぐで勝負にくるはず。真っすぐ一本で張ろう」

寺沢がセットポジションからモーションを起こし、左腕を振る。対角線をえぐるようなストレートが、梶川のインコースに向かっていった。梶川がとらえた打球は、レフト前へと抜けていく。三塁から出口が生還し、京大がついに同点に追いついた。

歓喜に沸くベンチやスタンドを眺めながら、梶川は一塁塁上で感慨にふけっていた。

「これだよ、これ！　このために野球をやってきたんだよなぁ」

絶体絶命のピンチで登場した真打

近大ベンチはこの回3人目の投手交代を告げる。一死一、三塁のサヨナラのピンチでリリーフのマウンドに立ったのは、3日前に7イニングを投げた主将の小寺だった。

「コンディショニング用のベッドで座って見ていたら、『おまえ、いけるか?』と言われて、急いで肩をつくりました。ただ、緊張してもいい結果は出ないので。『俺がつくったピンチじゃないわ』と開き直ってマウンドに行きました」

3番の伊藤は申告敬遠し、一死満塁となった。ここで京大は代打として4回生の青田《あおた》拓也《たくや》を起用する。近田としては、ここで一気に試合を決めたいところだった。

だが、小寺という壁は高かった。青田は2ストライクから空振り三振に抑えられ、二死となる。打席にはこの日5番で起用された大川が入った。

右投手の小寺に対して、大川は本来の左打席に立っている。

「絶対に自分に打順が回ってくると思っていました。自分で決めてやろうという思いはめちゃめちゃありましたね」

小寺は大川に対して、インコースのカットボールを中心に攻めてきた。カウント2ボール2ストライクとなった場面で、意外なシーンが起きる。小寺の指先に引っかけた球が大川の背中をすり抜け、あわや暴投というボールになったのだ。

小寺は「しゃあない」と軽く受け止めたが、大川は「しまった」と後悔していた。

「当たっていればサヨナラなのに、反射的によけちゃった。冷静なら当たれたはずなのに」

カウント3ボール2ストライクのフルカウントになり、満塁のランナーが一斉にスタートを切る。大川は「ストライク近辺に来たら、絶対に振ろう」と心に決めた。

小寺が投じたボールは、高速で大川のインコースをえぐってきた。大川が「ストライクだ」と判断してバットを振り出した瞬間、ボールが鋭く動いた。インコースのボールゾーンへと食い込むカットボールに大川のバットは空を切り、3人のランナーが取り残された。

「うわ、この場面でこんなボールを投げられるんか……」

大川は小寺の実力を思い知らされた。大川の無念を引きずりながら、試合は延長10回のタイブレークに突入する。

タイブレークの絶望

京大に残された投手は愛澤しかいなかった。正捕手の愛澤がマウンドに上がるだけでなく、実に8ポジションで変更が告げられた。捕手には代打で登場した青田が、一塁には三塁に回っていた伊藤が、二塁には右翼から庄が、三塁には遊撃から細見が、遊撃には二塁から片岡が、左翼には代走の出口が、右翼には代打の梶川が入った。京大はこの時点でベンチ入りメンバー25人のうち、24人まで使い切る総力戦だった。

愛澤は9回裏に出塁した関係もあり、急ピッチの準備でマウンドに上がった。変化球の調子すら確認できない状況だったが、その分「真っすぐを丁寧に投げよう」と心がけ、左右両コーナーにコントロールよく投げ分けた。

10回表、無死一、二塁から先頭の東原にセカンドゴロを打たせ、併殺に打ち取る。さらに代打の金子勝星《かねこしょうせい》をショートゴロに打ち取り、愛澤は理想的な形でピンチを切り抜けた。10回裏の京大は、6番の庄からの攻撃である。

庄が送りバントを決め、愛澤が申告敬遠されて一死満塁。打順は8番・片岡、9番・出口と続く。近田は2人の4回生に向かって「決めておいで」と打席に送り出している。

だが、近田はすぐに違和感を覚えた。左打席に入った片岡が、妙に力んでいるように見えたからだ。片岡は初球を打ち上げ、セカンドフライに倒れる。続く出口も1ボールからサードゴロに打ち取られ、京大はサヨナラのチャンスを逃してしまった。

近田は唇を嚙《か》みしめつつ、「変にプレッシャーをかけてしまった」と反省した。

「よくOBの方が『最後は4回生の意地だ』という言葉を使われるんですけど、僕はむしろ上回生になると気負って力んでしまうと感じます。『4回生だから』と選手任せにしてもよくないと、勉強になりました」

タイブレークは続く。11回表の近大の攻撃は、7番の竹谷からの打順である。愛澤のホップする体感のストレートを左打者の竹谷が弾き返すと、打球はショートの片岡の前方へと飛ぶハーフライナーになった。片岡は打球を待って処理しようと構えたが、打球は二塁ベースのアンツーカーと芝生の境目に落ち、イレギュラーする。ボールはそのまま片岡のグラブをすり抜け、近大のチャンスは満塁に広がった。片岡のエラーが記録されたが、本人は「気づいたら後ろにあったし、あれは捕れんやろ」と納得していなかった。

ここで近大は米崎薫暉《よねざきくんが》に替え、1回生の岡島光星《おかじまこうせい》を起用する。智辯学園3年時の夏の甲子園では準優勝に貢献した左打者である。

そんな岡島に対して、愛澤は2球で2ストライクと追い込む。10回に続いてストレート中心の配球で、「押しきれるな」と感じていた。だが、2ストライクからの3球目を岡島が弾き返すと、センター前へと抜けていった。近大に1点が入り、均衡が破れた。

さらに二死後、愛澤は2番の勝田に2ボール1ストライクからストレートを投じる。「押し出しを怖がりすぎた」という甘いストレートを勝田は見逃してくれなかった。思いきりのいい1回生打者が振り抜いた打球は、右中間を抜けていく。

センターの大川は打球を追いながら、「うわぁ」と叫んでいた。一瞬にして、9回裏の自分の打席がフラッシュバックした。

「あの時に当たっていれば……。あの時に見逃しておけば……」

大川がボールを拾い、カットマンに返球するまでに3人のランナーが全員ホームに還っていた。延長11回表、京大にとっては絶望的とも言える4点が刻まれた。

〝クセスゴ〟伊藤がバットを置かなかった理由

愛澤は坂下をライトフライに抑えると、ベンチに戻って肩を落とした。

「真っすぐを多投しすぎた。カーブを使って組み立てていたら、違ったのかな。あぁ……、俺のせいでみんな引退するのか……」

その姿を三原は申し訳なさそうに見つめていた。

「延長10回で試合が終わっていれば、愛澤は完璧《かんぺき》なヒーローだったはず。愛澤は責任を感じやすい性格なのに、こんな酷な状況を任せてしまって本当に申し訳ない……」

いつもの三原なら、京大の攻撃中は次の回の投手について考えることに専心していた。だが、11回表に入った4点はあまりに重すぎた。三原は自信を持って送り出した5投手で9失点を喫した事実にショックを受け、次の回のことは考えられなかった。

マウンドには小寺が仁王立ちしていた。「とにかく、はよ1点取ってくれ」と野手陣に発破をかけていた小寺は、4点のリードをもらって余裕を持って11回裏に臨んでいた。先頭の細見を浅いライトフライに抑え、早くも1アウトを手にした。

ここで打席に入ったのは、梶川である。いつもなら2打席目に入ると「代打に慣れすぎたせいで疲れちゃう」と集中力が落ちるところだが、大学最後の打席とあって梶川はアドレナリンが分泌されていることを感じていた。

「小寺は真っすぐとカットボールが同じくらいの割合でくる。甘いところに入ったら、どっちがきても打ちにいこう」

1ボールから2球目の甘いカットボールを見逃し、「しまった」と悔やんだが、焦りはなかった。カウント2ボール2ストライクから外角のストレートを2球、カットボールを1球ファウルにする。そこで梶川は「インコースにくる」と察知した。春の近大戦で満塁弾を放った時と同じように、不思議な直感が働いたのだ。

梶川がインコースを待っていると、案の定ボールゾーンからストライクゾーンへと入ってくるカットボールだった。梶川がスムーズに反応してとらえた打球は、レフト前へと飛んだ。梶川は持てる力をすべて発揮し、2打数2安打と最高の仕事をやってのけた。

一死満塁、打順は3番の伊藤に回ってきた。この秋は、伊藤にとっても苦しいシーズンだった。ここまで打率・205と低打率に喘《あえ》ぎ、3失策と守備でも足を引っ張った。

開幕時の同大節では2試合で3安打と結果を残したものの、「単打を打っても点が入らんな」と考えた関大節から長打狙いの打撃に切り替え、フォームを崩していた。春にともに得点源となった山縣、小田が不振に苦しむなか、伊藤は他大学の徹底マークに遭った。

開幕4連敗を喫して山縣が引退を切り出した時、伊藤は山縣の心境が理解できた。伊藤自身も、一度は「僕も引退したほうがええんちゃうか」と考えていたからだ。

「チームの中心として打たなアカンところで、僕も薫も打ててなかったんで。他の人はほとんど理解できないと思うんですけど、しんどさはめちゃくちゃあるし、ホンマに優勝することを考えたら下回生に譲ったほうがいいと思ったんです」

それでも、伊藤は引退という結論を出すことはなかった。もし、仮に山縣から引退の相談を持ちかけられたとしても、伊藤は「自分のなかで一つ答えが出ていました」と振り返る。

「寝る前にベッドのなかで2時間ぐらい、うわーっと考えました。ここで抜けてもやりきれてないし、野球部に恩を返せてないんちゃうかと。ちょっとでも高いレベルで野球をしている姿勢を下回生に見せられたら、何かを残せるんちゃうかと思ったんです」

それと同時に、同期の村尾昂紀が伊藤に語っていた言葉も思い出した。

「優勝という大きな目標にたどり着くには、一気に行くんじゃなくて、順位の上下を繰り返しながら少しずつ上がっていって、その先に優勝があるんちゃうか」

伊藤はその言葉に納得した。いくら連敗を重ねようと、汚辱にまみれようと、伊藤は戦おうと決めた。その姿から後輩が何かを感じ取ってくれれば、それでいい。その先に京大のリーグ優勝があると伊藤は信じることにした。

目の前で梶川がヒットを放ち、自分につないでくれた。伊藤は「これが大学最後の打席」とは思っていなかった。「勝ちにいける！」と強い思いを持って、右打席に入った。

状態は相変わらずよくなかったが、もはやどうでもよかった。

「形はどうでもいいから、なんとか前に飛んでくれ」

初球からボール球に手を出した伊藤だったが、開き直ってスイングした打球は三遊間を抜けていく。三塁から片岡が生還し、京大は1点を返した。

伊藤は塁上でこんな思いを噛みしめていた。

「今まで『形がよければ打てるだろう』と思ってたけど、形がなくても最悪打てるんやな。大学野球の最後の最後で知ったわ」

ライトポール際への大飛球

マウンドの小寺は「いいところを抜けていく感じが怖いな」と京大打線の底力を脅威に感じつつも、冷静さは失っていなかった。続く青田を見逃し三振に抑え、勝利まであと1アウト。

リーグ優勝に希望をつなぐ勝ち点4は、もう目の前に迫っていた。

左打席に5番の大川が入る。前の打席で「自分で決める」と気負いすぎた反省から、大川は「後ろにつなごう」という意識で構えに入った。

京大ベンチでは、近田が「インコースにこい」と繰り返し念じていた。

「大川に対して外一辺倒だとチャンスはないと思っていました。前の打席でヒザ元のカットボールを振らされていたので、同じ配球をしてくるだろうなと。でも、カットボール1個浮いてきたら、大川なら打てる予感がしました。だから『インコースにカットこい』と、ずっとつぶやいていましたね」

大川もまた、インコースのカットボールを待っていた。イメージは「カットボールを引っ張って、ライト線に落とす」。カットボールに詰まらないように芯《しん》でコンタクトすることを優先し、「引っ張ってのファウルはオーケー」と自分に言い聞かせた。

一方、近大の小寺にも、前の打席でカットボールによって空振り三振を奪ったいいイメージが残っていた。ウイニングショットはヒザ元のカットボールと決めていた。

カウント1ボール、1ストライクからの3球目。小寺が投じたカットボールが、やや真ん中寄りに入ってくる。力強く右足を地面にステップした大川が、思い切りバットを振り抜く。打球はライト線へと上がった。

一塁走者の伊藤は死角へと消えた打球を見ずに、全力で次の塁を目指した。すると、二塁を回ったところで梶川がゆっくりと走っているのが見えた。

「はぁ？　走れ〜！」

伊藤の絶叫が耳に入ったのか、梶川はクルリと振り向いて、ライトポール際を指差した。伊藤は恐る恐る、ライト方向を振り返った。そこには近大の谷口が背中を向けて立ち尽くしていた。一塁側スタンドから沸き上がる大歓声に、伊藤は武者震いがした。

「えっ、何が起きたんや？」

梶川はホームランが出たことを理解しつつも、一塁側ベンチから京大の選手が飛び出しているのを見て「なんで出てくんの？」と疑問を覚えた。先にホームベースを踏んだ出口に「え、これって勝ち？」と尋ねると、出口は信じられないような表情で「逆転だよ！」と叫んだ。代打の切り札と代走の切り札は、その場で強く抱き合った。

大川は訳もわからず、右手を掲げながらダイヤモンドを回っていた。

「打った瞬間に『あ、入った』と思いました。ホントに完璧な感触だったんで。ライトポールから切れるかなとも思ったんですけど、真っすぐ飛んでいたので、そのまま入るなと。でも、打った自分が信じられなくて、ベンチもスタンドも見えないんです。ずっとフワフワしながら、ベースを一周しました」

京大ベンチでは誰もが雄叫《おたけ》びをあげていた。

近田は信じられない思いと、「選手を勝たせてやれてよかった」という安堵に包まれていた。

「キャー！」と甲高い叫声をあげるマネージャーの八木から促されるまま、両手でグータッチを交わす。近田は八木の豹変《ひょうへん》に戸惑いながら、内心「同級生か！」とツッコミを入れた。

普段はベンチで大声を出すことを自重していた八木だったが、この時ばかりは感情が爆発していた。この秋、メンバー交換ギリギリまで先発メンバーを決めるのに悩み、「朝子ちゃん、ちょっと待ってね」と苦心していた近田の姿を見てきた。

「優勝以外は意味がないと言ってた近田さんやけど、もちろん勝ちたいやろうと思っていました。結果的にはべべ（最下位）ですし、後になって『マネージャーが声を出すなんて見たことない』と言われたんですけど、この時は感情を抑えられませんでした」

大川がホームベースを踏むと、京大の選手たちは身を寄せ合って飛び跳ね、輪をつくった。

まるでリーグ優勝を決めたかのような大騒ぎだった。

第10章

京大野球部が優勝する日

「絶対に泣かない男」の涙

京大野球部では試合が終わると、応援スタンドの部員がベンチ入りメンバーと球場敷地内で合流してミーティングを開くことになっている。山縣薫は「どんな顔をして行けばええんやろ」と思いながら、メンバーの待つ場所へと移動した。

殊勲の逆転サヨナラ満塁弾を放った大川琳久の姿を見つけた瞬間、山縣の涙腺《るいせん》は決壊した。

「ええもん見せてくれたわ。ようやった」

大川をねぎらいながら、山縣は整理しきれない自分の感情があふれ出ることを感じた。

「近大から勝ち点を取れてうれしかったのもあるし、これで学生生活が終わる寂しさもあったと思います。自分は引退した身ですけど、もう後輩と会えなくなると思うと、涙が止まらなかったです」

最後までグラウンドに立ち続けた伊藤伶真は、確かな手応《てごた》えを得ていた。

「近大に勝てるという姿を示せたのはよかったです。ずっと勝てていなかった近大から勝ち点を取れたということは、どの大学でも勝てるということですからね」

三原大知は何が起きたのか、現実感がないままその場に立ち尽くしていた。

無駄なことはしたくない。優勝できなければ2位も6位も一緒。他人から「薄情」と言われようと、感情で勝敗が左右されるわけじゃない。常に現実を見つめ、現実と拮抗《きっこう》してきた三原は、大学最後の試合で訪れた非現実的な世界に翻弄《ほんろう》された。

三原はふと、愛澤祐亮の姿を捜した。三原が京大野球部で力を発揮できたのも、愛澤という体現者がいてくれたからだった。愛澤は球場の隅で号泣していた。愛澤は不本意な投球に終わって涙する水江から「すみませんでした」と声をかけられ、涙をこらえきれなかった。

涙する愛澤を見て、三原の目から涙が伝った。「何があっても選手の前では絶対に泣かない」と決めていた三原だったが、こらえることは不可能だった。

「自分が思っていた野球と愛澤がやりたい野球の方向性が似ていて、何度も助けられました。『インコースを使って攻める』という姿勢や、『打たれるくらいならフォアボールも一つの選択肢』『開き直ったらど真ん中』といった考え方、いろんな部分で愛澤と似ていました。水江と愛澤の存在が、京大の野球で圧倒的な根幹でした。助けられた選手が報われて、こちらとしてもうれしかったです」

この近大3回戦の勝利投手は愛澤だった。これが愛澤にとって、大学野球初勝利。春の関大3回戦で4回無失点に封じながら、三原の継投策のため初勝利は挙げられなかった。愛澤は「実績が残ってうれしい」とはにかんだ。

優勝の行方

大川にサヨナラ弾を浴びた小寺智也はチームメートから「おまえで打たれたらしゃあないやろ」と励まされ、涙が止まらなかった。

近大監督の田中秀昌は、「最後にあんな目に遭わせてしまって申し訳ない」と指揮官として責任を感じていた。8連敗中の京大が相手だからといって、「勝って当たり前」という感覚はなかった。それでも「心のどこかにスキがあったと言わざるを得ない」と敗戦を受け止めた。

小寺は冷静さを取り戻すにつれ、「自分の投球は正しかったのか」と反芻《はんすう》した。

「あの場面で一番ダメなのは、長打を打たれること。シングルヒットならオーケーと割り切って、インコースを攻めるならきっちり突かないといけなかった。結果的に『あそこしかホームランにならない』というコースに投げてしまいました。もちろん、コンマ1秒タイミングが早ければファウル、遅ければどん詰まりだったんでしょうけど」

京大から勝ち点を落とした近大は、関西学生リーグの優勝戦線から脱落。最終節で関西学院大との「関関戦」を連勝で制した関西大が2季ぶりの優勝を飾った。関大は関西5連盟による関西地区代表決定戦を突破し、明治神宮大会に出場。1勝を挙げてベスト8に進出した。

表彰選手も発表された。6勝を挙げた関大の金丸夢斗がリーグMVPを受賞。京大からは大川が外野手のベストナインを初受賞した。

194センチの剛腕京大生、プロへ行く

近大3回戦の劇的勝利から一夜明けた10月20日、東京都内でプロ野球ドラフト会議が開かれた。関西学生リーグからは久保玲司(近畿大)、秋山凌祐(立命館大)、西隼人(関西学院大)といったエース級や、宮崎竜成(立命館大)のような主力野手もプロ志望届を提出していた。だが、4位以内の指名でなければ社会人・日本新薬に進む意向を示した久保のように、「順位縛り」がある選手が多かった。結局、関西学生リーグの大学から支配下でドラフト指名された選手はいなかった。

そんななか、京大の水口創太が育成ドラフト7位で福岡ソフトバンクホークスから指名を受けた。京大野球部にとっては、田中英祐(元ロッテ)に続く8年ぶり2人目のドラフト指名選手。マスコミには「京大医学部からドラフト指名」と報じられ、やはり一部の野球ファンの間で「医者ではなく野球選手を目指すの?」という誤解が広まった。

一時は「育成ドラフトではプロ入りしない」という意向を示したものの、のちに水口は「球団とも話し合って、成長できるビジョンが持てた」と翻意している。

「自分自身、伸びしろはまだまだあると感じています。京大は他大と比べて練習量をこなせていないので、プロで増やしていきたいです。1～2年かけて土台をつくって、3年で結果を残すイメージを持って勝負していきます」

水口の成長を4年間見守ってきた三原は、ある変化に目を留めた。

「ストレートの球筋が変わってきています。今まで軌道がバラついていたのが、リリースしてからガッと伸びてくるようになりました。この軌道でスピードがさらに速くなったら、プロのバッターでも嫌がられるんじゃないかなと。しゃくですけど、リーグ戦が終わる直前くらいからよくなってきています」

9月8日にプロ志望届を提出した水口に遅れること12日。捕手の愛澤祐亮もプロ志望届を提出していた。愛澤自身は「プロを目指すなんておこがましい」と考えていたが、監督の近田怜王から勧めを受けての決断だった。

「近田さんから『キャッチャーとしてもっと上でやれるものを持っている』と評価していただいて、社会人でも続ける道を探ったんですけど厳しい状況で。上で野球を続けるにはプロ志望届を出すしかないと、近田さんの後押しを受けて出すことにしました」

結果的にプロからの指名はなく、愛澤の進路は宙に浮いた。悩んだ末に就職浪人することを決め、2023年は脇と同じように学生コーチとして野球部にかかわることになった。愛澤は

「近大との最終戦で『もう一生ボールを握らなくてもいい』と思うくらいの試合ができたんですけど、やっぱり離れがたくて」と苦笑する。

4回生のメンバーも、それぞれの道を歩み始めている。主将の出口諒と牧野斗威は商社、山縣薫は電力会社、手塚皓己は証券会社と、名だたる大企業に就職する。伊藤伶真は公認会計士の事務所へ、徳田聡はコンサル会社へ入社。梶川恭隆、片岡太志、深見駿斗は大学院に進む。

山縣は同期のメンバーと遊ぶようになり、禍根はない。また、幽霊部員になっていた部員も同期と遊んだらしいという情報を耳にして、マネージャーの八木朝子は「元の関係に戻れてよかった」と安堵《あんど》した。

三原大知、阪神タイガース入団

そして、三原もまた独自の道を歩む。プロ野球・阪神タイガースにアナリストとして採用され、入団することになったのだ。

近田の口添えもあって、三原の存在に数球団のプロチームが興味を持った。なかでも阪神の球団関係者との面接は、とんとん拍子に進んだ。近田の古巣であるソフトバンクも先進的な取り組みで球界をリードしているだけに、三原に興味を示していた。それでも、三原は阪神に入団することを決めた。

「阪神という球団に受け入れてもらえると思っていませんでした。僕自身、ずっと阪神ファンですけど、ソフトバンクのように新しいものを取り入れる土壌があるんだと知って驚きました。正直言って『やっていけるのかな』という思いもあります。でも、なんとなくうまくいくような気がします。僕は他人のことは悲観主義なんですけど、自分のことは基本的に楽観主義者なので。ここまでずっと関西で生きてきたので、このまま関西にいたいですしね」

2月の春季キャンプから研修としてチームに合流し、おもに投手部門を担当することになるという。これからはプロのアナリストとしての野球人生が幕を開ける。

三原の進路については、高校時代からSNSで交流してきたお股ニキにも知らされた。プロの超一流選手と交流を深めるなかで、お股ニキはある確信を深めていた。

「プレーする目線と、見る目線は違います。日本の野球界は『プロ』と『素人』の線引きにやたらとこだわりますけど、トレーナーだってそれで生計を立てているなら『プロ』だし、スコアラーもその道の『プロ』ですよね。それなら、『見るプロ』だっていていいはず。三原くんの場合は近田さんという理解者がいて、投手起用を委任されて経験を積めたことが大きかったですよね。彼には『いずれは阪神のGMになってくれ』と言っています」

本格的なプレーヤー経験のない評論家の嚆矢《こうし》として、お股ニキは毀誉褒貶《きよほうへん》にさらされた。インターネット上には「アンチ」も多く存在し、日常的に誹謗《ひぼう》中傷を受けている。事実と異なる噂が流布され、一部から「お股ニキがかかわった選手は大成しない」と評されて反論したいことも何度もあった。それでも、周りには変わらずお股ニキの目を信じる選手や野球関係者がいてくれた。お股ニキは「見るプロ」としての誇りを胸に、評論活動を続けている。

それぞれの新チーム

関西学生リーグの各チームも、それぞれの新体制が始まった。

早くも2023年春季リーグの優勝候補に挙がるのは、立命館大である。2022年は春6位、秋4位と低迷したが、強力な投手陣を擁する。新4回生の谷脇弘起、藤本竜輝、新3回生の長屋竣大とドラフト候補がひしめくのだ。監督の後藤昇はこう息巻く。

「2023年は創部100周年に向けて、いい選手を集めたつもりです。下回生も成長しているので、逆襲したいと考えています」

アナリストとして手応えを得た田原鷹優は大学院に進み、バイオメカニクスを研究しながら引き続き野球部の外部アナリストとしてかかわる予定だ。田原もまた、三原と同様にプロ球団への入団を目指している。

「アナリストになると決めた時から、プロに行きたいと考えていました。確実な知識を身につけて、プロ球団にアピールしていきたいです」

秋春連覇を狙う関西大は、新3回生エースの金丸夢斗、正捕手の有馬諒が残る。有馬にとっては大学ナンバーワン捕手の座に挑戦する1年にもなる。

「現時点では進藤勇也《しんとうゆうや》（上武大）に及ばないのは明らかですけど、最終的に勝てればいいので。そのための過程として彼のいいところを盗んで、学ぶことは必要なこと。スローイングの精度と長打を打てるバッティングを身につけようと練習しています」

2022年の春秋ともに2位と、リーグ優勝まであと一歩届かなかった同志社大は、髙橋佑輔、小倉悠史、東山玲士とリーグ最優秀投手の受賞経験がある3投手が卒業。監督の花野巧は「新4回生の真野凜風、秋の首位打者になった新3回生の川久保瞭太を中心に、チーム力をどう上げられるか」と課題を語る。高校軟式野球出身の真野も大学最終年に向けて意気込む。

「今までずっとリリーフだったので、先発として球種を増やして、体力をつけてエースになりたいです。すべての球種の質を磨いて、プロを目指して頑張ります」

春4位、秋5位と不完全燃焼だった関西学院大は、西隼人や高波寛生ら投打とも4回生に主力が多かった。監督の本荘雅章は「投手陣で主力を経験しているのは執行（大成）1人で厳しい状況ですが、発破をかけてやっていきます」と語る。

近畿大もまた、主力だった4回生が卒業して戦力が大幅に入れ替わる。監督の田中秀昌は、新主将に就任した坂下翔馬への期待を口にする。

「坂下は高校ジャパンのキャプテンをしたくらいリーダーシップのある男です。まだ波のある選手ですが、悪い時の修正力を磨いて、ワンチームに仕上げてほしいです」

恒常的に強い京大野球部をつくる

そして、4回生が引退した京大も新チームが始動した。新たな主将に就いたのは、エースの水江日々生である。水江は就任早々、近田にこんな要望を出した。

「もっと選手に対して遠慮せずに言ってください」

その心を水江はこう説明する。

「去年のチームでは近田さんは選手の意思を尊重して、ちょっと距離を置いてはるのかな？と思うところもありました。もちろん、学生を信じて任せていただけるのはありがたいのですが、僕ら選手がメニューを考えてやっても、浅はかな内容になることも多いので。僕から見ても近田さんはよく見てはるし、自分たちの野球観や意識とは別次元のものを持ってはると感じるんです。もっと口を出してもらって、いい方向に導いてもらえたらプラスになるなと」

その水江の思いを、近田はしっかりと受け止めた。

「去年の4回生は青木総監督の元でやってきた選手ですし、彼らの自由にさせてやりたい思いが強かったんです。僕は勝ちにこだわるメンタル部分だけ植えつけたいと思っていました。水江から『もっと言ってください』と言われて、今年は僕の色も足していこうかなと。ただ、こちらの考えを全部押しつけるのもよくありません。せっかく京大生の考える能力、修正力があるのだから、それは生かしていきたい。彼らの考えの上をいくようなものを僕が提示していければ、戦える戦力になるはずです」

手始めとして、新チームでは基礎的な体幹トレーニングやウエートトレーニングに時間を割くようになった。「これまでは個人として体を鍛えていたけど、チームとしても取り組んで私学との差を埋めよう」という近田の狙いがあった。

グラウンドでは、寒風が吹くなか半袖《はんそで》のアンダーシャツでノックを受ける青木悠真の大声が響いていた。

「誰かスマホ持ってる？　動画録《と》って、脇さんに送るわ！」

野手陣では新4回生の青木、小田雅貴、大川琳久、新3回生の西村洪惇といったメンバーが中心格になりそうだ。青木は言う。

「新チームになって、水江が『体の使い方』をテーマに挙げてくれて考えるようになりました。

今までの自分は体のどこを使うとどの筋肉が動くのか、といった部分を考えてこなかったので、新たな発見があります。自分の代になったからといっても頼れる後輩もいるので、変に先輩ぶらずにのびのびやって、チームに元気をもたらせたらと思います」

三原が卒業するため、新体制での指導者の役割も変わる。近田は投手全般と外野手の指導、コーチの脇悠大が内野手の指導や野手起用を担当する。

脇は大学院でバットの研究をしながら野球部のコーチを務め、さらにもう一つの役目をこなしている。それは学生記者団「京大ベースボール」の代表である。京大には京都大学新聞社は存在するものの、体育会の活躍を報じる学生メディアがなかった。脇は学生スポーツメディアの存在を「恒常的に強い京大野球部をつくるために必要」と考えていた。

「他大には立派な学生スポーツ新聞の媒体があって、いつも『うらやましいな』と感じていました。活躍を取り上げてもらえれば、選手にとってモチベーションになります。京大でもそんな媒体をつくったらええやんと思って、『京大ベースボール』を立ち上げました」

結成1年目の2022年は約10人の部員が集まり、年2回のスポーツ紙配布やウェブ記事の配信に取り組んだ。脇は「今後は動画コンテンツにも力を入れたい」と展望を語る。

三原の後継者問題

その一方で、京大野球部には大きな課題があった。それは三原の「後継者問題」である。結論から言えば、三原の後釜《あとがま》となる人間はいなかった。ラプソードを操作し、分析し、投手にアドバイスを送る。その特殊性ゆえ、おいそれと後任を育成できるものではなかった。

ただし、高い次元でデータを扱える人材はいた。学生コーチ登録になっている新3回生の筧《かけひ》敢太《かんた》と赤尾《あかお》栄士郎《えいじろう》である。筧は新チームから主務の重責も三原から引き継いだ。

筧は膳所高校出身で、高校時代から野球部のデータ班として活動した。打者の打球方向や配球面のデータを集め、分析する能力に長《た》けている。筧はそのやりがいをこう語る。

「自分のデータに基づいて仲間が守備位置を動かして、的中した時に『データ班をやっていてよかった』と実感するんです」

その筧の実務をサポートするのが、水江と同じ洛星高校出身の赤尾である。赤尾は高校時代には主将を務めたプレー経験者である。だが、赤尾の興味は守備に偏っていた。

「バッティングは嫌いなんで、高校時代はバッターボックスに入ると『公開処刑や』と思ってました。みんなが見てる前で逃げられないやないですか」

三原は筧と赤尾に対して、こんな期待を口にする。

「それぞれの能力を生かせる分野でやってほしいですし、仕事を押しつけるのは違うと思うんです。僕の場合はピッチャーに関心があったので、もし『野手を見てくれ』と言われていたら興味を持てなかったかもしれません。結局、近田さんにとってプラスになる仕事をするという意味では一緒なので。筧は真面目でパソコン作業に慣れているし、仕事がものすごく速い。赤尾は仕事に入れ込む力があります。２人で協力し合って、貢献してほしいです」

三原の後継者と見られることに対して、筧は「三原さんのマネはできません」と断言する。

「実際に主務の仕事をやってみて、三原さんのすごさをあらためて感じました。三原さんはこれをやりながら、投手コーチをやってたんか……と思うと恐ろしいですね。三原さんの後継ぎと思われるのは困りますし、今後もそんな人が出てくるのかどうか……。まずは主務として、三原さんと同じように仕事ができたらいいなと考えています」

野球ヲタよ、野球部の門を叩け

プレーヤー経験のない〝野球ヲタ〟の大学野球は終わった。京都大学野球部として１年間のリーグ戦で挙げた通算７勝は、２０１９年と並ぶ史上最多タイ記録である。だが、三原のなかで「やりきった」という達成感はない。

「僕も山縣と一緒で、優勝を逃したら勝ち点3を取ろうが最下位になろうが一緒なので。優勝できなかったという結果しか残っていません。この2年間、なんでか勝った試合より、負けた試合のことばかり詳細に覚えているんです」

うまくいったことも、うまくいかなかったこともあった。だが、それらは三原が京大野球部にいたからこそ、経験できたことだった。三原は感慨を込めて、こう語った。

「京大野球部は僕という人間に価値を与えてくれた場所で、大切な場所なのかな」

一浪の末に京大に合格した際、高校時代の担任教諭から浴びせられた「おまえ、一生努力せんな」という言葉が引っかかり続けていた。だが、三原ははっきりと胸を張って「自分は変わった」と言える気がしていた。

「この1年、明確に思い始めていました。いろんな人が喜んでくれることができればいいなと考えるようになりましたし、それは高校時代には思ってもいなかったことですから」

三原が絶対的な信頼を寄せた正捕手の愛澤もまた、三原への感謝の言葉を口にする。

「野球をやっていた人間には、『野球ってこういうものだろう』という固定観念があります。でも、三原はいい意味で常識にとらわれずに、一歩引いた視点からアドバイスができる。僕は三原の意見を尊重していましたし、面白いと感じていました。野球界って閉鎖的なところですが、こんな常識をぶち壊す存在がいるからこそ、面白いですよね」

二人三脚で三原と歩んできた近田は、三原の4年間の献身をこんな言葉で総括する。

「学生に権限を与えるのは賭《か》けでしたが、その責任に懸命に応えてくれました。僕に怒られながら、自分の意思を持ちながら、しっかりとやってくれた。彼という人材がいてくれてよかったと思います」

そして、野球未経験者に選手起用の裁量を与えるという近田のチャレンジは、野球界に一つの大きな石を投げ込んだのではないか。そう尋ねると、近田は爽《さわ》やかに笑ってこう答えた。

「たぶん、こういう人って世の中にたくさんいるんでしょうね。お股ニキさんのように本格的な野球は経験していなくても、野球が好きで、独自の視点を持っているような人が。たとえ野球のプレーが下手だろうと、いろんな視点があったほうがチームは活性化します。そんな人材が勇気をもって野球部に入って、受け入れるチームが増えてくれれば楽しみですよね。あくまでも学生スポーツは、学生主体であるべきだと思いますから」

野球というスポーツは、プレーヤーが主役なのは間違いない。だが、プレーヤー経験がなかろうが、人材の生かし方次第でチームの勝敗に大きく寄与できる。

京都大学野球部は、その可能性を満天下に示してみせた。

おわりに

2023年の春季リーグは、京大野球部にとって苦難のスタートになった。

関西大との開幕節、1回戦は2回生のリードオフマン・細見宙生の逆転サヨナラ本塁打で劇的な勝利。だが、その後は連敗街道が続いた。絶対的エースであり、主将の大役を担う水江日々生がゲームメークしても、2番手以降の投手がつかまってしまう。監督の近田怜王は渋い表情で真情を吐露した。

「オープン戦から水江に続く2番手をつくることを目指しながら、育成できないままリーグ戦に入ってしまった感があります。もちろん優勝は目指していますが、少し時間がかかるかなという感じはします」

4月8日、2節目となる同志社大1回戦。就職先の東京から夜行バスに乗って観戦に訪れた前主将の出口諒は、自分に言い聞かせるようにこうつぶやいた。

「ありがたみをわかってなかったんですけど、やっぱり去年は投手陣に恵まれていたんだなぁと感じます。去年は水江を無理に引っ張らず、5回で交代できましたから。今年はギリギリまで水江を引っ張らざるを得ないので、苦しいですよね」

その試合は水江が試合中盤まで好投していたものの、7回につかまり3失点。2番手の青木健輔も追加点を奪われ、1対7で敗戦している。

試合後、水江は主将という立場からこう語っている。

「ここまでの結果は春のオープン戦通りだと思うので、『こんなものだろう』という思いはあります。春でこのチームが完成するとは思っていません。リーグ戦で出た課題を潰《つぶ》して、秋につないでいけばいいと考えています。もちろん、試合である以上はできる限り抑えていかないといけませんが」

京大が失速した要因を前任の投手コーチを務めた三原大知の不在に結びつけるのは、いささか早計だろう。そもそも三原の学年は入学時から期待された好投手が多く、期待が高かったからだ。また、三原自身も近田に「後輩を育てられなくてすみません」と詫《わ》びている。

同志社大の1回戦を落とした試合後、近田に「三原くんは元気にやっているでしょうか？」と尋ねてみた。京大では居場所を見つけられても、いざプロ球団に就職するとなれば勝手の違いを感じたはずだ。ましてや三原のリアリストな性分がゴリゴリの体育会系社会であるプロ球団で受け入れられるのか、第三者としても半信半疑だった。

だが、近田は呆《あき》れたようにこう答えた。

「いや、全然元気にやってるみたいですよ。やっぱり好きなことを仕事にするのって大事なんやなぁと痛感しましたね」

三原はいま、阪神タイガースの新米アナリストとして奮闘する日々を過ごしている。

京大野球部が2022年に残した爪痕《つめあと》は、夢幻だったのだろうか。春は関西大と立命館大から勝ち点を奪い、秋は信じられないような逆転サヨナラ満塁本塁打で近畿大から勝ち点をもぎ取った。この結果をすべて「奇跡」の二文字に集約することは簡単だ。

だが、京大野球部の真価が問われるのは、むしろこれからなのではないか。新たにヘッドコーチに就いた脇悠大が言う「恒常的な強さ」を手にするのは、これからの京大野球部にかかっている。そして、新たな「野球ヲタ」の出現はあるのか、興味は絶えない。

そのムーブメントは、きっと野球界に大きな影響を与えるはずだ。本書を通じて新たな「野球ヲタ」が立ち上がり、スタンドからグラウンドへと下りてくることに期待したい。

野球はプレーヤーだけのものではない。野球ヲタの躍動は、きっと誰もが輝ける場所があることを証明してくれるはずだ。

2023年6月

菊地　高弘

ブックデザイン　アベキヒロカズ（ABEKINO DESIGN）
イラスト　しまだたかひろ

本書は書き下ろしです。

菊地高弘（きくち　たかひろ）
1982年生まれ。東京都出身。野球専門誌『野球小僧』『野球太郎』の編集者を経て2015年に独立。「菊地選手」名義で上梓した『野球部あるある』（集英社／全３巻）はシリーズ累計13万部のヒット作になった。その他の著書に『下剋上球児 三重県立白山高校、甲子園までのミラクル』（カンゼン）、『オレたちは「ガイジン部隊」なんかじゃない！〜野球留学生ものがたり〜』（インプレス）、『離島熱球スタジアム 鹿児島県立大島高校の奇跡』（集英社）などがある。

野《や》球《きゅう》ヲタ、投手《とうしゅ》コーチになる。
元《もと》プロ監督《かんとく》と元生物部学生《もとせいぶつぶがくせい》コーチの京大《きょうだい》野《や》球《きゅう》部《ぶ》革命《かくめい》

2023年７月26日　初版発行

著者／菊地《きくち》高弘《たかひろ》

発行者／山下直久

発行／株式会社KADOKAWA
〒102-8177　東京都千代田区富士見2-13-3
電話　0570-002-301(ナビダイヤル)

印刷・製本／大日本印刷株式会社

●お問い合わせ
https://www.kadokawa.co.jp/（「お問い合わせ」へお進みください）
※内容によっては、お答えできない場合があります。
※サポートは日本国内のみとさせていただきます。
※Japanese text only

定価はカバーに表示してあります。

ISBN 978-4-04-113374-3　C0075